# CONTEÚDO DIGITAL PARA ALUNOS

Cadastre-se e transforme seus estudos em uma experiência única de aprendizado:

Escaneie o QR Code para acessar a página de cadastro.

Complete-a com seus dados pessoais e as informações de sua escola.

Adicione ao cadastro o código do aluno, que garante a exclusividade de acesso.

2159040A2241154

## Agora, acesse:
www.editoradobrasil.com.br/leb
e aprenda de forma inovadora
e diferente! :D

Lembre-se de que esse código, pessoal e intransferível, é válido por um ano. Guarde-o com cuidado, pois é a única maneira de você utilizar os conteúdos da plataforma.

# AKPALÔ
## LÍNGUA PORTUGUESA

COLEÇÃO AKPALÔ

### Lenita Venantte
- Licenciada em Letras pela Pontifícia Universidade Católica do Paraná (PUC-PR)
- Pós-graduada em Língua Portuguesa e Literatura Brasileira pela Universidade Tecnológica Federal do Paraná (UTFPR)
- Professora de Língua Portuguesa do Ensino Fundamental e Ensino Médio nas redes particular e pública de ensino

### Alexandre Ribeiro de Lima
- Licenciado em Letras pela Pontifícia Universidade Católica do Paraná (PUC-PR)
- Pós-graduado em Contação de Histórias e Literatura Infantojuvenil pela Faculdade de Ampére (Famper)
- Pós-graduado em Literatura Brasileira e História Nacional pela Universidade Tecnológica Federal do Paraná (UTFPR)
- Professor de Língua Portuguesa e Produção de textos do Ensino Fundamental na rede particular de ensino

**5º ANO**
Ensino Fundamental
Anos Iniciais

LÍNGUA PORTUGUESA

**AKPALÔ**
Palavra de origem africana que significa "contador de histórias, aquele que guarda e transmite a memória do seu povo".

São Paulo, 2019
4ª edição

Editora do Brasil

**Dados Internacionais de Catalogação na Publicação (CIP)**
**(Câmara Brasileira do Livro, SP, Brasil)**

Venantte, Lenita
 Akpalô língua portuguesa, 5º ano / Lenita Venantte, Alexandre Ribeiro de Lima. – 4. ed. – São Paulo: Editora do Brasil, 2019. – (Coleção akpalô)

 ISBN 978-85-10-07605-0 (aluno)
 ISBN 978-85-10-07606-7 (professor)

 1. Português (Ensino fundamental) I. Lima, Alexandre Ribeiro de. II. Título III. Série.

19-27348 CDD-372.6

Índices para catálogo sistemático:
1. Português: Ensino fundamental 372.6
Maria Alice Ferreira - Bibliotecária - CRB-8/7964

4ª edição / 1ª impressão, 2019
Impresso na AR Fernandez Gráfica

Rua Conselheiro Nébias, 887
São Paulo, SP – CEP 01203-001
Fone: +55 11 3226-0211
www.editoradobrasil.com.br

© Editora do Brasil S.A., 2019
*Todos os direitos reservados*

**Direção-geral:** Vicente Tortamano Avanso

**Direção editorial:** Felipe Ramos Poletti
**Gerência editorial:** Erika Caldin
**Supervisão de arte e editoração:** Cida Alves
**Supervisão de revisão:** Dora Helena Feres
**Supervisão de iconografia:** Léo Burgos
**Supervisão de digital:** Ethel Shuña Queiroz
**Supervisão de controle de processos editoriais:** Roseli Said
**Supervisão de direitos autorais:** Marilisa Bertolone Mendes

**Supervisão editorial:** Selma Corrêa
**Coordenação pedagógica:** Josiane Sanson
**Edição:** Maria Cecília Fernandes Vannucchi e Simone D'Alevedo
**Assistência editorial:** Camila Grande, Gabriel Madeira, Mariana Gazeta Trindade e Olivia Yumi Duarte
**Copidesque:** Gisélia Costa, Ricardo Liberal e Sylmara Beletti
**Revisão:** Alexandra Resende, Elis Beletti, Gabriel Ornelas, Marina Moura, Martin Gonçalves, Mônica Reis e Rosani Andreani
**Pesquisa iconográfica:** Elena Ribeiro, Daniel Andrade, Célia Rosa e Vanessa Volk
**Assistência de arte:** Lívia Danielli e Samira de Souza
**Design gráfico:** Estúdio Sintonia e Patrícia Lino
**Capa:** Megalo Design
**Imagens de capa:** damircudic/iStockphoto.com e LightFieldStudios/iStockphoto.com
**Ilustrações:** Alex Argozino, Bruna Assis (abertura de unidade), Camila Hortencio, Evandro Marenda, Fabio Nienow, Marcos de Mello, Marcos Machado, Marilia Pirillo, Roberto Weigand e Waldormiro Neto
**Coordenação de editoração eletrônica:** Abdonildo José de Lima Santos
**Editoração eletrônica:** Armando F. Tomiyoshi
**Licenciamentos de textos:** Cinthya Utiyama, Jennifer Xavier, Paula Harue Tozaki e Renata Garbellini
**Controle de processos editoriais:** Bruna Alves, Carlos Nunes, Rafael Machado e Stephanie Paparella

## Querido aluno,

Fizemos este livro pensando em você, que gosta de aprender e de saber o porquê das coisas.

Nele, você lerá textos divertidos, poéticos, curiosos e cheios de informações. Também vai escrever, trocar ideias, ouvir histórias, cantar e brincar!

Com este livro, queremos que você desenvolva os conhecimentos da Língua Portuguesa que já possui e aprenda sempre mais, para interagir com as pessoas pela fala e pela escrita usando cada vez melhor os recursos da nossa língua.

Que este ano seja divertido e com muitas descobertas!

Um abraço,
Os autores

# Sumário

## UNIDADE 1
### Informação e diversão .................. 8

Qual é o melhor título? ......................... 10

**Texto 1 – Notícia:** "Conectados pelas manchas: menino encontra cão com vitiligo", *Catraquinha* ................... 11
- **Estudo do texto** ............................. 12
- **Um pouco mais sobre:** Vitiligo ............. 15
- **Estudo da língua:** Uso de aspas e verbos de elocução ............................. 16

**Texto 2 – Crônica:** "O melhor amigo", de Fernando Sabino ............................. 18
- **Estudo do texto** ............................. 20
- **Estudo da escrita:** Uso de c e ç ............ 22
- **Aí vem história:** "A bola", de Luis Fernando Verissimo ............................. 23
- **Produção de texto:** Crônica .................. 24

- Revendo o que aprendi ......................... 26
- Para ir mais longe ............................. 29

## UNIDADE 2
### Vamos jogar? ................................ 30

Jogo da velha ..................................... 32

**Texto 1 – Instruções de montagem:** "Cobras e escadas (Parte 1)", de Adriana Klisys ................................. 33
- **Estudo do texto** ............................. 34
- **Estudo da escrita:** Sons representados por **c**, **ç**, **s**, **ss**, **sc**, **sç**, **x** e **xc** ............ 35

**Texto 2 – Regras de jogo:** "Cobras e escadas (Parte 2)", de Adriana Klisys ................................. 36
- **Estudo do texto** ............................. 37
- **Estudo da língua:** Verbo e construção de sentidos ..................................... 40
- **Aí vem história:** "Deixa, Naná!", de Ziraldo. ..................................... 41
- **Produção de texto:** Regras de jogo ....... 42

- Revendo o que aprendi ......................... 44
- Para ir mais longe ............................. 47

## UNIDADE 3
### O que vejo, o que penso .............. 48

Que filme é esse? ........................... 50

**Texto 1 – Carta do leitor:**
"Cartas do leitor", *Ciência Hoje das Crianças* e *Preview* ........................ 51
- Estudo do texto ........................... 52
- Estudo da escrita: Acentuação gráfica de proparoxítonas e oxítonas ............. 55

**Texto 2 – Sinopse:** Sinopses da *Recreio* e da *Folha de S.Paulo* ........................... 57
- Estudo do texto ........................... 61
- Aí vem história: "Querido mundo, como vai você?: a história de um pequeno menino com uma grande missão", de Toby Little ............. 63
- Estudo da língua: Formação de palavras por derivação ............ 64
- Um pouco mais sobre: Anos 1980 ...... 66
- Produção de texto: Carta do leitor ..... 67

- Revendo o que aprendi ..................... 68
- Para ir mais longe ............................ 71

## UNIDADE 4
### Textos que informam ................... 72

Caça ao tesouro ................................ 74

**Texto 1 – Verbete de dicionário:**
Verbete "estufa", *Dicionário eletrônico Michaelis* ........................... 75
- Estudo do texto ........................... 75
- Estudo da língua: Formação de palavras por composição ... 78

**Texto 2 – Reportagem:** "Será que todo o gelo da Antártica pode derreter?", *Ciência Hoje das Crianças* ............... 80
- Estudo do texto ........................... 84
- Estudo da escrita: Terminações -ice e -isse ..................................... 89

- Aí vem história: "Direto da Antártica", de Richard e Florence Atwater ............ 91
- Como eu vejo: Efeito estufa ............. 92
- Como eu transformo: Saber para prevenir ......................... 94
- Produção de texto: Reportagem digital ............................ 95
- #Digital: Dicionário virtual ............... 98

- Revendo o que aprendi ..................... 100
- Para ir mais longe ............................ 103

## UNIDADE 5
### Cordões de poesia e história ...... 104

Brincadeira com rima ........................ 106

**Texto 1 – Poema de cordel:** "O jabuti e o caipora", de César Obeid ............ 107
- Estudo do texto ........................... 109
- Aí vem história: "No Reino do Vai Não Vem: uma viagem ao mundo do cordel", de Fábio Sombra ................ 111
- Estudo da língua: Variedades linguísticas ................................. 112
- Um pouco mais sobre: Poema visual e ciberpoema ............................. 114

**Texto 2 – Lenda:** "A dança do arco-íris", recontada por João Anzanello Carrascoza ..................................... 116
- Estudo do texto ........................... 119
- Estudo da escrita: Uso de *trás*, *traz* e *atrás* ................................. 121
- Produção de texto: Coletânea de poemas de Patativa do Assaré ........ 123
- Oralidade: Sarau de poemas de Patativa do Assaré .................................. 125

- Revendo o que aprendi ..................... 126
- Para ir mais longe ............................ 129

## UNIDADE 6
### Ai, que susto! ............................. 130

Medo de quê? ..................................... 132

**Texto 1 – Narrativa de assombração:**
"O baile do caixeiro-viajante (Parte 1)",
de Reginaldo Prandi .......................... 133

- Estudo do texto ..................................... 137
- Estudo da escrita: Uso de -êm, -em e -eem ........................... 140

**Texto 2 – Narrativa de assombração:**
"O baile do caixeiro-viajante (Parte 2)",
de Reginaldo Prandi .......................... 142

- Estudo do texto ..................................... 145
- Aí vem história: "Pavor!", de Flávia Muniz ............................... 147
- Estudo da língua: Verbos no modo indicativo ............................ 148
- Produção de texto: Narrativa de assombração ............................ 150
- Oralidade: Narrativa de assombração ............................ 151

- Revendo o que aprendi ......................... 152
- Para ir mais longe ................................. 155

## UNIDADE 7
### No mundo da ficção ................... 156

Crie um robô personalizado ................. 158

**Texto 1 – Narrativa de ficção científica:**
"Uma admirável embarcação",
de Júlio Verne ..................................... 159

- Estudo do texto ..................................... 163
- Estudo da língua: Conjunção .............. 166
  Advérbio ................................................ 168
- Um pouco mais sobre: Ficção científica ................................... 169
- Aí vem história: "O maior de todos os mistérios", de Miguel Nicolelis e Giselda Laporta Nicolelis .................................. 169

**Texto 2 – Resenha crítica:**
"O menino do pijama listrado",
de Cleber Fabiano da Silva .................. 170

- Estudo do texto ..................................... 171
- Estudo da escrita: Por que, porque, por quê, porquê ..................... 173
- Produção de texto: Resenha crítica ..... 175
- Oralidade: Resenha crítica .................. 176

- Revendo o que aprendi ......................... 178
- Para ir mais longe ................................. 181

## UNIDADE 8
### Exemplos de vida ....................... 182

**Livro de memórias** ............................. 184

**Texto 1 – Relato de memória:**
"A oficina de marceneiro, lugar mágico", de Ignácio de Loyola Brandão .............. 185
- Estudo do texto ..................... 187
- Estudo da escrita: Uso de **meio** e **meia** .... 190
  Uso de **em cima** e **embaixo** ................. 191

**Texto 2 – Diário pessoal:** "O diário (nem sempre) secreto de Pedro", de Telma Guimarães Castro Andrade .... 192
- Estudo do texto ..................... 195
- Aí vem história: "O diário de Helga", de Helga Weiss ................................. 198
- Estudo da língua: Frase ...................... 199
  Discurso direto e discurso indireto ....... 200
- Produção de texto: Relato de memória ..................................... 201
- Oralidade: Relato de memória ............. 201
- #Digital: Dicionário colaborativo ......... 202

- Revendo o que aprendi ..................... 204
- Para ir mais longe ............................. 207

## UNIDADE 9
### Diferentes maneiras de contar uma história ............................. 208

**Nossa versão** ........................................ 210

**Texto 1 – Propaganda:** Cartaz do Greenpeace ..................................... 211
- Estudo do texto ..................... 211
- Um pouco mais sobre: Desmatamento ..................................... 214
- Estudo da escrita: Uso de **mau** e **mal** ... 216
  Uso de **há** e **a** ...................................... 217
- Como eu vejo: Propaganda e consumo consciente ............................. 218
- Como eu transformo: Conhecer para consumir com consciência ..................... 220

**Texto 2 – Paródia:** "Hoz Malepon Viuh Echer ou O caçador", de Flavio de Souza ............................. 221
- Estudo do texto ..................... 224
- Aí vem história: "Chapeuzinho Vermelho", de Edson Meinc (Coord.) ...................... 227
- Estudo da língua: Sujeito e predicado ..................................... 228
- Um pouco mais sobre: Humor ............. 230
- Produção de texto: Paródia ................. 231

- Revendo o que aprendi ..................... 234
- Para ir mais longe ............................. 237

Aí vem história – Textos ........................ 238
Atividades para casa ............................. 256
Referências ........................................... 298
Encartes ............................................... 299

Camila Hortencio

# UNIDADE 1
## Informação e diversão

- O que está representado na ilustração a seguir?
- Você ou alguém de sua família costuma fazer alguma das atividades mostradas?
- Em sua opinião, a vida das pessoas pode servir de inspiração para histórias interessantes? Por quê?

Bruna Assis

# Qual é o melhor título?

Leia os passos a seguir.

1. O professor organizará a turma em dois ou mais grupos.
2. Depois que os grupos forem organizados, o professor lerá o relato de um fato. Escute-o com muita atenção.
3. Alternadamente, os grupos criarão títulos para o fato lido pelo professor. Lembre-se de que o título tem de antecipar o que é noticiado e despertar o interesse de quem escuta.
4. Não pode haver repetição de títulos. Quando um grupo não conseguir mais formar títulos, ele sai da brincadeira.

1 Em sua opinião, os animais podem ajudar as pessoas?

2 Leia o título da notícia a seguir. Você consegue imaginar o que aconteceu?

**Texto 1** **Notícia**

por Redação
22/03/2017 15:40 | Atualizado: 22/03/2017 15:44

## Conectados pelas manchas: menino encontra cão com vitiligo

O americano Carter Blanchard tem oito anos e tem vitiligo, uma condição que ocorre quando as células produtoras de pigmento morrem ou deixam de funcionar.

"Ele estava em uma grande escola com um monte de crianças, e seu rosto estava se transformando muito rapidamente", disse sua mãe, Stephanie Adcock, em entrevista à ABC News. O pequeno estava se queixando com a mãe dizendo que não gostava nada da sua pele.

Pesquisando na internet meios de ajudar o filho a lidar com a condição, Stephanie Adcock encontrou o perfil do Instagram "White_eyed_rowdy". "Quando eu mostrei a Carter, ele estava tão animado para ver um cachorro que era famoso por seu vitiligo."

Por causa de sua condição, o cachorro Rowdy foi nomeado representante para crianças com vitiligo da Fundação de Pesquisas Vitiligo Americano (AVRF). Hoje, ele ajuda crianças a lidar com o *bullying* e o preconceito.

▶ Garoto e cachorro com vitiligo viram amigos inseparáveis.

Lindsay Baca – Sit! Stay Pet Photography

Carter e sua mãe chegaram à proprietária de Rowdy, Niki Umbenhower, e construíram uma amizade de longa distância. O menino e o animal se encontraram pessoalmente no último sábado (18), o que só foi possível graças a uma campanha de financiamento coletivo. "Ele só precisa de mais manchas em suas costas", brincou o menino.

### Vitiligo

O vitiligo ocorre quando as células produtoras de pigmento morrem ou deixam de funcionar. A perda da cor da pele pode afetar qualquer parte do corpo, incluindo a boca, o cabelo e os olhos. Pode ser mais perceptível em pessoas com pele mais escura. O tratamento pode melhorar a aparência da pele, mas não cura a doença.

**Glossário**

**Financiamento coletivo:** coleta de dinheiro por um grupo de pessoas para a realização de determinado objetivo.
**Instagram:** rede social na qual se postam fotografias.
**Pigmentação:** coloração.
**White_Eyed_Rowdy:** Rowdy dos Olhos Brancos, em tradução livre.

*Catraquinha*, 22 mar. 2017. Disponível em: <https://catraquinha.catracalivre.com.br/geral/cuidar/indicacao/conectados-pelas-manchas-menino-encontra-cao-com-vitiligo>. Acesso em: 21 maio 2019.

## Estudo do texto

**1** A quem essa notícia interessa?

_____

**2** Releia o título da notícia e responda às atividades.

a) É possível saber tudo o que será noticiado lendo apenas o título? Por quê?

_____

_____

b) Qual é o sentido do título se o lermos até os dois-pontos?

_____

_____

**3** O que a notícia relatou corresponde ao que você pensou quando leu apenas o título? Explique.

_____

_____

**4** Numere os dados na ordem em que apareceram na notícia. Considere o título.

☐ Informações complementares, adicionais.

☐ Aprofundamento e detalhamento das informações.

☐ Informações essenciais.

◆ A ordem das informações corresponde à importância delas? Justifique.

_____

_____

> Em uma **notícia**, o acontecimento é geralmente apresentado no título. Depois, são acrescentadas informações e detalhes no lide e no corpo do texto. Se o leitor chegar a ler o corpo do texto, é porque o fato o interessou e o título cumpriu sua função.

**5** Relembre o que você aprendeu sobre notícias nos anos anteriores e complete as lacunas.

| | |
|---|---|
| _____ | Menino com vitiligo encontra cão que tem a mesma condição que ele. |
| _____ | O menino Carter Blanchard. |
| Quando? | _____ |
| Como? | _____ |
| _____ | Estados Unidos. |
| _____ | Porque Stephanie queria ajudar o filho a lidar com o vitiligo. |

**6** Como você estudou em anos anteriores, em muitas notícias há linha fina.

a) Explique, com suas palavras, o que é linha fina.

_____

_____

_____

b) O texto "Conectados pelas manchas: menino encontra cão com vitiligo" não tem linha fina. Ele pode, então, ser chamado de notícia?

**7** Escreva **V** nas frases verdadeiras e **F** nas falsas.

☐ As notícias apresentam situações fictícias.

☐ As notícias podem ou não ser acompanhadas de fotografias e legendas.

☐ As notícias sempre contam um fato recente.

**8** Observe novamente a fotografia que faz parte da notícia.

◆ Escreva outra legenda para ela.

_____
_____
_____
_____
_____

**9** A notícia afirma que Carter "não gostava nada da sua pele".

a) O que isso quer dizer?

_____
_____
_____
_____

b) Se você fosse amigo de Carter, o que diria a ele ou o que faria para ajudá-lo a lidar com sua condição?

_____
_____
_____
_____
_____
_____

**10** A notícia afirma, ainda, que o cachorro Rowdy "ajuda crianças a lidar com o *bullying* e o preconceito".

a) Em sua opinião, como acontece essa ajuda?

b) E você, como pode contribuir para combater o *bullying* e o preconceito?

## Um pouco mais sobre

### Vitiligo

O vitiligo é uma doença que causa manchas brancas na pele. Isso ocorre por causa da diminuição da quantidade de células que dão cor à pele. As manchas podem ser isoladas ou espalhar-se pelo corpo.

As causas do vitiligo ainda são desconhecidas. Não há como prever o surgimento das manchas, mas há tratamento, que deve ser indicado por um médico dermatologista. A enfermidade ocorre em todos os tipos de pele.

A doença não é contagiosa e não causa prejuízo à saúde física. No entanto, devido às manchas, as pessoas com vitiligo podem sofrer preconceito ou *bullying*.

A modelo canadense Winnie Harlow conta que, quando criança, a chamavam de "vaca" e "zebra". Apesar disso, ela conseguiu superar as adversidades.

Fontes: <www.sbd.org.br/dermatologia/pele/doencas-e-problemas/vitiligo/21>; <https://drauziovarella.com.br/doencas-e-sintomas/vitiligo/>; <www.minhavida.com.br/saude/temas/vitiligo>; <https://brasil.elpais.com/brasil/2015/02/08/estilo/1423421754_007557.html>. Acessos em: 21 maio 2019.

▶ A modelo canadense Winnie Harlow desfila na Semana de Moda de Nova York, Estados Unidos, 2015.

1. Você já conhecia o vitiligo? Conhece alguém com essa doença?

2. Muitas pessoas têm preconceito com quem tem vitiligo. O que você acha desse tipo de atitude?

3. Você já viveu alguma situação em que sofreu preconceito ou *bullying*? Comente com os colegas.

# Estudo da língua

## Uso de aspas e verbos de elocução

**1** Releia os trechos a seguir para fazer as atividades.

**Trecho 1**

"Ele estava em uma grande escola com um monte de crianças, e seu rosto estava se transformando muito rapidamente", **disse** sua mãe, Stephanie [...].

**Trecho 2**

[...] "Ele só precisa de mais manchas em suas costas", **brincou** o menino.

a) As palavras destacadas nos trechos 1 e 2 são:

☐ adjetivos.   ☐ verbos.   ☐ substantivos.

b) A quem se referem as palavras destacadas nos trechos 1 e 2?

- Disse: _____.

- Brincou: _____.

c) No trecho 2, qual é o sentido da palavra **brincar**?

_____

_____

d) Sublinhe, nos dois trechos, as partes que estão entre aspas.

e) O que são as partes que você sublinhou?

_____

> Para separar o que foi dito pelo entrevistado da fala do repórter empregam-se **aspas**.

f) É possível pensar que o recurso usado pelo jornalista tem a mesma função do travessão? Por quê?

_____

> Nos trechos em estudo, as formas verbais "disse" e "brincou" indicam falas de pessoas. Os verbos que exercem essa função são chamados de **verbos de elocução**. Além de anunciar uma fala, os verbos de elocução podem descrevê-la.

**2** Complete os diálogos com os verbos de elocução do quadro, de acordo com o contexto.

> sussurrou   agradeceu   gargalhou   gritaram

a) Jorge já estava deitado quando _____:

– Boa noite, pai!

b) O goleiro não pegou a bola e eles _____:

– Gooooooool!

c) Felipe, feliz com os amigos, _____:

– Que piada engraçada!

d) Surpreso, Léo _____ _____:

– Obrigado! Queria muito esse livro!

**3** Reescreva os diálogos da atividade anterior usando aspas e acrescentando ponto final. Veja o exemplo.

> Olhou o animal e disse:
> – Como pode ter crescido tanto?

→

> Olhou o animal e disse: "Como pode ter crescido tanto?".

a) _____

b) _____

c) _____

d) _____

17

# Texto 2 — Crônica

**1** Você é ou já foi tutor de um animal de estimação? Costuma brincar com ele?

**2** Que cuidados é preciso ter com um animal de estimação?

### O melhor amigo

A mãe estava na sala, costurando. O menino abriu a porta da rua, meio ressabiado, arriscou um passo para dentro e mediu cautelosamente a distância. Como a mãe não se voltasse para vê-lo, deu uma corridinha em direção de seu quarto.

– Meu filho? – gritou ela.

– O que é – respondeu, com o ar mais natural que lhe foi possível.

– Que é que você está carregando aí?

Como podia ter visto alguma coisa, se nem levantara a cabeça? Sentindo-se perdido, tentou ainda ganhar tempo.

– Eu? Nada...

– Está sim. Você entrou carregando uma coisa.

Pronto: estava descoberto. Não adiantava negar – o jeito era procurar comovê-la. Veio caminhando desconsolado até a sala, mostrou à mãe o que estava carregando:

– Olha aí, mamãe: é um filhote...

Seus olhos súplices aguardavam a decisão.

– Um filhote? Onde é que você arranjou isso?

– Achei na rua. Tão bonitinho, não é, mamãe?

Sabia que não adiantava: ela já chamava o filhote de isso. Insistiu ainda:

– Deve estar com fome, olha só a carinha que ele faz.

– Trate de levar embora esse cachorro agora mesmo!

– Ah, mamãe... – já compondo uma cara de choro.

– Tem dez minutos para botar esse bicho na rua. Já disse que não quero animais aqui em casa. Tanta coisa para cuidar, Deus me livre de ainda inventar uma amolação dessas.

O menino tentou enxugar uma lágrima, não havia lágrima. Voltou para o quarto, emburrado: a gente também não tem nenhum direito nesta casa – pensava. Um dia ainda faço um estrago louco. Meu único amigo, enxotado desta maneira!

– Que diabo também, nesta casa tudo é proibido! – gritou, lá do quarto, e ficou esperando a reação da mãe.

– Dez minutos – repetiu ela, com firmeza.

– Todo mundo tem cachorro, só eu que não tenho.

– Você não é todo mundo.

– Também, de hoje em diante eu não estudo mais, não vou mais ao colégio, não faço mais nada.

– Veremos – limitou-se a mãe, de novo distraída com a sua costura.
– A senhora é ruim mesmo, não tem coração.
– Sua alma, sua palma.

Conhecia bem a mãe, sabia que não haveria apelo: tinha dez minutos para brincar com seu novo amigo, e depois... Ao fim de dez minutos, a voz da mãe, inexorável:

– Vamos, chega! Leva esse cachorro embora.
– Ah, mamãe, deixa! – choramingou ainda: – Meu melhor amigo, não tenho mais ninguém nesta vida.
– E eu? Que bobagem é essa, você não tem sua mãe?
– Mãe e cachorro não é a mesma coisa.
– Deixa de conversa: obedece sua mãe.

Ele saiu, e seus olhos prometiam vingança. A mãe chegou a se preocupar: meninos nessa idade, uma injustiça praticada e eles perdem a cabeça, um recalque, complexos, essa coisa toda...

Meia hora depois, o menino voltava da rua, radiante:

– Pronto, mamãe!

E lhe exibia uma nota de vinte e uma de dez: havia vendido o seu melhor amigo por trinta dinheiros.

– Eu devia ter pedido cinquenta, tenho certeza de que ele dava – murmurou, pensativo.

Fernando Sabino. *A vitória da infância*. São Paulo: Ática, 2001. p. 35-38.

## Quem escreveu?

**Fernando Sabino** (1923-2004) nasceu em Belo Horizonte e foi contista, cronista, jornalista, romancista e ensaísta. Começou a escrever aos 13 anos. Formou-se em Jornalismo e em Direito. Morou no Rio de Janeiro e em Nova York, locais em que trabalhou principalmente em jornais. Em 1999, recebeu o Prêmio Machado de Assis pelo conjunto da obra.

# Estudo do texto

**1** Por que o menino quis entrar em casa escondido da mãe?

_____

_____

**2** A mãe percebeu que o filho estava escondendo algo? Explique.

_____

_____

**3** Releia a frase a seguir:

Ao fim de dez minutos, a voz da mãe, **inexorável** [...].

a) Qual das palavras abaixo poderia substituir a que está em destaque, mantendo o mesmo sentido da frase?

☐ Esgotada.   ☐ Inflexível.   ☐ Cansada.

b) Justifique sua escolha explicando o significado dessa palavra.

_____

_____

_____

**4** A intenção da crônica lida é:

☐ denunciar pais ou responsáveis que não deixam os filhos terem animais de estimação.

☐ divertir o leitor mostrando, com humor, uma situação cotidiana entre mãe e filho.

☐ criticar pessoas que abandonam cachorros na rua.

**5** Sublinhe, na crônica, um trecho que comprove sua resposta à atividade anterior.

> Uma crônica pode ter diferentes intenções, como provocar o **humor**, levar o leitor a refletir, entre outras. Na crônica "O melhor amigo" prevalece a intenção de, por meio de uma situação cotidiana, divertir o leitor.

**6** A linguagem utilizada na crônica é:

☐ formal.
☐ informal.

**7** Releia o trecho a seguir e, depois, faça o que se pede.

[...] a gente também não tem nenhum direito nesta casa – pensava.

**a)** No trecho, há uma expressão que é comum usarmos na fala. Sublinhe-a.
**b)** Por que o autor empregou tal expressão nesse trecho?

_____
_____

> Em geral, a crônica é escrita em linguagem informal, com termos e expressões típicas da língua falada.

**8** Onde se passa a história da crônica?

_____
_____

**9** A crônica é narrada em 1ª ou 3ª pessoa?

_____

**10** Assinale a alternativa correta sobre a passagem do tempo na crônica.

☐ A história, provavelmente, se passa em mais ou menos um ano.
☐ A história, provavelmente, se passa em alguns minutos ou em algumas horas.

> A **crônica** é uma narrativa curta que trata de um tema do cotidiano. Em geral, o tempo em que a história se passa é curto e o espaço é limitado. As crônicas podem ser publicadas em jornais, revistas, livros ou na internet.

**11** Converse com o professor e os colegas sobre as questões a seguir.

**a)** O que o menino fez com o filhote? No final, ele ficou satisfeito?
**b)** Você esperava que o menino fizesse isso? Por quê?

# Estudo da escrita

## Uso de c e ç

**1** Leia as palavras do quadro.

> açude    cinquenta    decisão    recalque    faço
> preocupar    injustiça    obedece    único

a) Agora observe como elas foram agrupadas no quadro a seguir e escreva, nas primeiras linhas, um título para cada coluna.

| _____ <br> _____ | _____ <br> _____ | _____ <br> _____ |
|---|---|---|
| recalque | cinquenta | injustiça |
| único | decisão | açude |
| preocupar | obedece | faço |

b) Observe a posição do **c** nas palavras e complete as lacunas.

> Antes de _____, _____ e _____, **c** tem som **/k/**. Antes de _____ e _____, **c** tem som **/s/**.

**2** Agora separe em sílabas as palavras da terceira coluna da atividade 1.

_____

_____

◆ A letra **ç** aparece antes de quais vogais?

_____

> Antes de **a**, **o** e **u**, o **c** com som **/s/** deve receber a **cedilha**.
> Não existem palavras que comecem com **ç**.

**3** Complete as palavras com **c** ou **ç**.

a) a_____aí   e) alfa_____e   i) ofi_____ina

b) ca_____ula   f) a_____ucarado   j) o_____eano

c) _____ifra   g) caro_____o   k) cabe_____a

d) carro_____eria   h) ba_____ia   l) endere_____o

**4** Escreva, no diagrama, o nome do que é mostrado na fotografia.

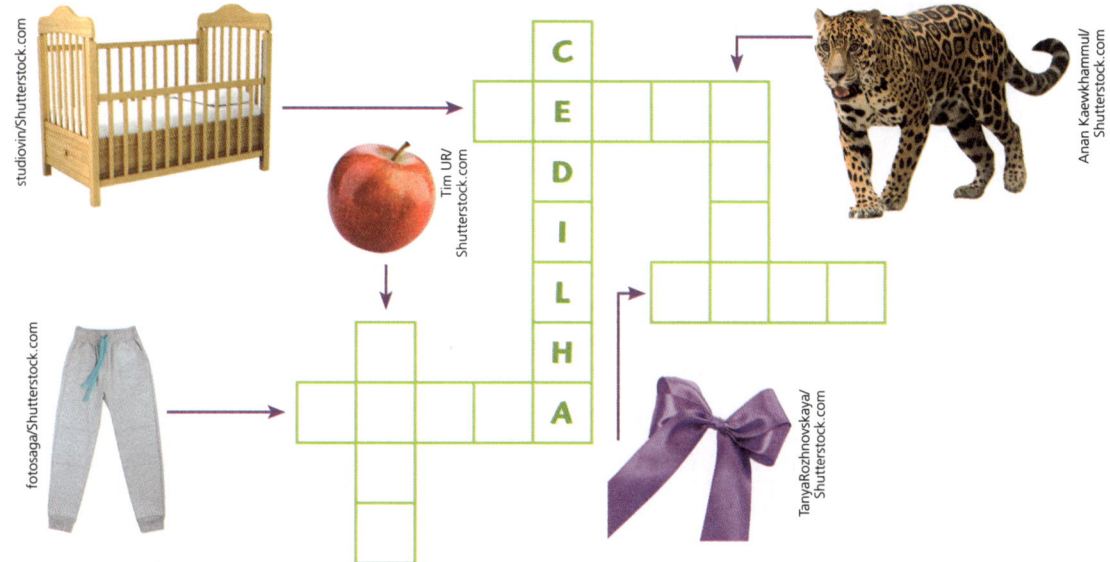

**5** Rescreva as palavras a seguir acrescentando ou retirando a **cedilha**.

a) faça ➡ _____   c) troça ➡ _____

b) coca ➡ _____   d) louca ➡ _____

> O emprego da **cedilha** em um vocábulo pode alterar o sentido dele.

### Aí vem história

Você lerá agora, na página 238, uma crônica de Luis Fernando Verissimo, escritor gaúcho, autor de inúmeras histórias, muitas delas para o público infantojuvenil. A crônica se chama "A bola" e faz parte do livro *Comédias para se ler na escola*.

## Produção de texto

## Crônica

Chegou a hora de você escrever uma crônica! As crônicas ficarão expostas na parede da sala de aula (ou em outro local definido pelo professor para que os colegas de outras turmas também as leiam).

**Planejamento**

1. Relembre um fato que tenha acontecido com você ou com um amigo: uma situação engraçada, diferente e que chame a atenção das pessoas.
2. Defina o objetivo de sua crônica (se você quer fazer o leitor rir, se quer levá-lo a pensar etc.).
3. Determine se a narração será na 1ª pessoa ou na 3ª pessoa.
4. Lembre-se de que o tempo, na crônica, é curto, por isso os fatos devem ser narrados de forma ágil. Você pode criar diálogos para dar mais dinamismo à narrativa.

**Desenvolvimento**

1. Agora que você já escolheu o fato, faça um resumo dele nas linhas a seguir. Escreva, também, por que você o escolheu (por ser engraçado, por levar à reflexão etc.).
2. Escreva de maneira simples e direta: lembre-se de que os leitores serão os colegas da escola.

_____
_____
_____
_____
_____
_____
_____
_____
_____
_____

**Revisão**

1. Forme uma dupla com um colega, de acordo com a orientação do professor.
2. Leia a crônica do colega e converse com ele a respeito dela, esclarecendo dúvidas e fazendo sugestões para modificar o texto dele.
3. Agora leia o quadro a seguir e releia a crônica do colega. Nessa etapa, você deve verificar se todos os critérios mencionados foram atendidos.

| Critérios | Sim | Não | Parcialmente |
|---|---|---|---|
| O fato é apresentado? | | | |
| A sequência dos acontecimentos está em ordem cronológica? | | | |
| A pontuação está adequada? | | | |
| O narrador é o mesmo do início ao fim da crônica? | | | |
| A crônica ficou curta, objetiva e com linguagem apropriada ao leitor? | | | |
| A letra está legível? | | | |
| Há erros de ortografia? | | | |

4. Converse com o colega e faça observações para ajudá-lo a melhorar a crônica dele. O colega também lerá sua crônica e o ajudará a melhorá-la.
5. Após finalizar a produção escrita no caderno, digite sua crônica no computador do laboratório de informática da escola. O texto será impresso e exposto de acordo com as orientações do professor.

## Revendo o que aprendi

**1** Escreva o nome das partes que geralmente compõem uma notícia.

_____

**2** No lide de uma notícia, como as informações são apresentadas?

_____

_____

**3** Marque a alternativa correta sobre o título de uma notícia.

☐ O título deve ser curto, objetivo e chamar a atenção do leitor para o fato noticiado.

☐ O título precisa conter todos os detalhes que serão desenvolvidos no lide.

☐ O título expõe os fatos e conta a vida das pessoas que participam dos fatos.

**4** Sobre a notícia, é correto afirmar que ela:

☐ é composta de quatro partes e, na primeira, o autor expressa sua opinião sobre o fato noticiado.

☐ relata algo sobre a vida de uma pessoa comum da sociedade, pois ninguém a conhece.

☐ relata um fato e o jornalista não pode expressar sua opinião sobre ele.

**5** Muitas vezes, em notícias e em reportagens há trechos entre aspas. O que essas aspas costumam indicar?

_____

_____

**6** Também para indicar a fala de outra pessoa, antes ou depois das aspas é comum empregar verbos como **disse**, **falou**, entre outros. Como são chamados esses verbos?

_____

**7** Leia um trecho da crônica "Lavando cachorro", publicada no livro *Onde foi parar nosso tempo?*, de Alberto Villas.

[...]
Joli era o cachorro mais livre do pedaço. Vivia na rua atrás das cachorras, virava lixo como um bom vira-lata e na nossa casa não tinha essa de ração não. [...]

Vivia sujo de terra, e isso era um problema. Quando minha mãe via Joli marrom de poeira, não **pensava** duas vezes:

– Esse cachorro está precisando de um banho!

E quem se habilitava a dar banho no bicho? Dar banho em Joli não era tarefa fácil. Ele odiava água, e, quando percebia uma movimentação em torno do tanque, virava uma fera.

A operação "banho no cachorro" começava com o tanque enchendo de água, um sabão português ao lado e um saco de pano para enxugá-lo. Pegávamos a fera, apesar dos rosnados ameaçadores, e a colocávamos no tanque.

Alberto Villas. *Onde foi parar nosso tempo?* São Paulo: Globo, 2010. p. 106.

a) Por que, em algumas partes, o autor usou a palavra "fera" para se referir a Joli?

b) O que o trecho da crônica narra? Pode-se afirmar que é um acontecimento do cotidiano?

c) Qual é o tipo de narrador da crônica? Comprove sua resposta.

d) Pode-se afirmar que a palavra destacada é um verbo de elocução? Por quê?

**8** Circule, no trecho da crônica da atividade anterior, as palavras com **c** e com **ç**.

a) Complete o quadro com as palavras circuladas no trecho da crônica.

| Letra c com som /k/ | Letra c com som /s/ | Letra ç |
|---|---|---|
| | | |
| | | |
| | | |
| | | |
| | | |
| | | |
| | | |
| | | |

b) No quadro, há uma palavra que você escreveu em duas colunas. Que palavra é essa? Por que ela está nas duas colunas?

_____

_____

c) No texto, há duas palavras com a letra **c** que não entraram na tabela. Quais são? Justifique.

_____

_____

**9** Sobre o uso de **c** e **ç**, escreva **V** nas afirmações verdadeiras e **F** nas falsas.

☐ Antes de **a**, **o** e **u**, o **c** representa o som /k/.

☐ Não há diferença entre os sons que a letra **c** pode representar.

☐ Antes de **a**, **o** e **u**, o **c** com som /s/ deve receber a cedilha.

☐ Antes de **e** ou **i**, o **c** representa o som /s/.

## Para ir mais longe

### Livros

▶ **O golpe do aniversariante e outras crônicas**, de Walcyr Carrasco. São Paulo: Moderna, 2016.

Nas crônicas desse livro você encontrará personagens e situações comuns de nosso dia a dia, como crianças viciadas em *video game* e o constrangimento de encontrar alguém conhecido e não se lembrar do nome da pessoa.

▶ **Comédias para se ler na escola**, de Luis Fernando Verissimo. São Paulo: Objetiva, 2010.

O livro traz crônicas do escritor Luis Fernando Verissimo selecionadas por Ana Maria Machado. As crônicas, voltadas para jovens leitores, possibilitam conhecer um pouco do universo das histórias e personagens desse autor.

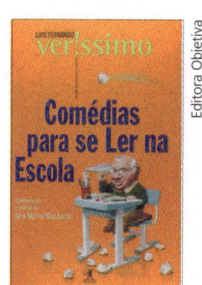

### Filmes

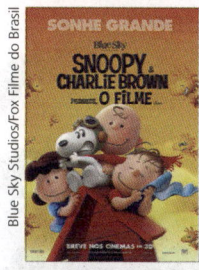

▶ **Snoopy e Charlie Brown: Peanuts, o filme**. Direção de Steve Martino. Estados Unidos: Blue Sky Studios, 2015, 88 min.

A animação em 3-D é baseada nos quadrinhos do cartunista estadunidense Charles M. Schulz. Charlie Brown vive aventuras com sua turma, enquanto o cãozinho Snoopy, mascote dele, persegue o adversário Barão Vermelho.

▶ **Pet: a vida secreta dos bichos**. Direção de Yarrow Cheney e Chris Renaud. Estados Unidos: Universal Pictures, 2016, 87 min.

Nessa divertida animação, o cachorro Max, acostumado a ter toda a atenção de sua tutora, Katie, fica enciumado quando outro cão, Duke, chega para fazer parte da família. Os dois cachorros entram em uma enrascada, mas contam com a ajuda de outros animais de estimação, amigos de Max, para escapar.

# UNIDADE 2
## Vamos jogar?

- O que as cenas representadas têm em comum?
- Nas cenas, as crianças estão sozinhas ou em grupos?
- De que tipo de brincadeira você gosta de brincar com os amigos?

# Jogo da velha

Você conhece o **jogo da velha**? Essa brincadeira antiga é muito divertida. Aprenda a fazer um tabuleiro e brinque com os colegas, com a supervisão do professor.

**Você vai precisar de:**

papelão;            durex colorido;      régua;         giz colorido.
tinta-lousa;        lápis;               pincel;

**Como fazer**

1. Separe o material e corte o papelão em um quadrado de 21 × 21 cm.
2. Pinte-o com a tinta-lousa e deixe secar por cerca de 20 minutos.
3. Quando estiver seco, marque com o lápis e a régua o local das linhas para fazer o **jogo da velha**.
4. Cole o durex colorido em cima dos traços marcados a lápis. Aguarde mais 40 minutos para secagem total da tinta.
5. Use o giz colorido para brincar, e um pano úmido para apagar e recomeçar a brincadeira.

Disponível em: <www.xalingo.com.br/clubinho/dicas/faca-um-jogo-da-velha-de-sucata#sthash.MD73mkCP.dgynNIgT.dpbs>. Acesso em: 10 abr. 2019.

**1** Você já ouviu a frase "Ninguém nasce sabendo" sendo usada em situações em que alguém deve fazer uma coisa nova, que nunca fez? Que tipo de texto é necessário para ajudar uma pessoa a montar algo?

**2** Observe o título do texto da página seguinte. O que você acha que ele ensina a montar?

# Texto 1 — Instruções de montagem

**Cobras e escadas (Parte 1)**

Em tempos passados, o jogo **cobras e escadas**, conhecido em seu país de origem como Moksha-patamu, era um jogo dedicado ao deus Vishnu (responsável pela manutenção do Universo, na crença indiana). Os desenhos de seu tabuleiro tinham um significado religioso: as escadas representavam a virtude (o bem) e as cobras, a maldade.

### Como fazer

**Você vai precisar de:**
Um tabuleiro de papelão ou madeira de 40 × 40 cm, 2 dados, 5 tampas de garrafa, 1 pedaço pequeno de cartolina, régua, tesoura, cola, canetinha e lápis de cor.

1. Com a régua, divida o tabuleiro em 100 quadrados.
2. Desenhe por cima deles algumas cobras e escadas (5 a 8 de cada).
3. Enumere os quadrados começando do canto inferior esquerdo do tabuleiro.
4. Pinte seu tabuleiro.
5. Desenhe cinco rostos na cartolina. Recorte e cole nas tampinhas para formar os peões.

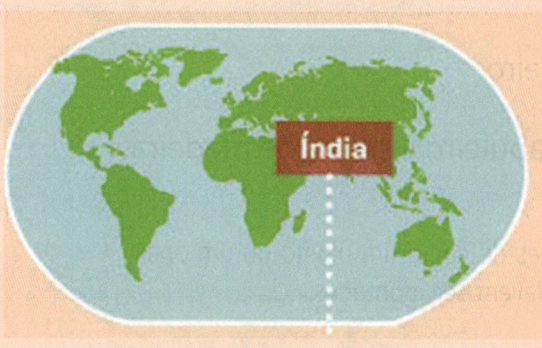

O jogo surgiu na Índia

Adriana Klisys. *Quer jogar?* Ilustrações de Carlos Dala Stella. São Paulo: Sesc, 2010.

### Quem escreveu?

Arquivo pessoal

**Adriana Klisys** é formada em Psicologia e especialista em jogos e brincadeiras. Ela dá palestras em escolas e empresas sobre a importância de brincar e jogar, mesmo na vida adulta. Também escreveu livros e publicou textos sobre o assunto em vários jornais.

# Estudo do texto

1. Qual é o país de origem do jogo **cobras e escadas**? _____

2. Além de madeira ou papelão, o que é preciso para fazer o tabuleiro e os peões?
_____
_____

3. Por que é importante utilizar a quantidade indicada de alguns objetos?
_____
_____

4. Qual é o objetivo do texto? Assinale a alternativa correta.

☐ Instruir o leitor a montar um jogo.

☐ Explicar como jogar um jogo de tabuleiro.

☐ Argumentar sobre um jogo que tem tabuleiro e peças de madeira.

> **Instruções de montagem** são explicações de como um objeto ou um aparelho (tabuleiro de jogo, eletroeletrônico etc.) devem ser montados.

5. Releia alguns verbos usados nas instruções de montagem: **divida**, **desenhe**, **enumere**, **pinte**, **recorte**. Esses verbos exprimem:

☐ ordem.   ☐ dúvida.   ☐ negação.

6. Você achou a linguagem do texto clara? Seguindo essas instruções, conseguiria montar o tabuleiro?
_____
_____

> As **instruções de montagem** costumam ser estruturadas em partes, com itens numerados. Nesse gênero textual, a linguagem é clara e objetiva, com frases curtas e com verbos que exprimem ordem, instrução.

# Estudo da escrita

## Sons representados por c, ç, s, ss, sc, sç, x e xc

**1** A frase a seguir trata de três palavras retiradas das instruções de montagem do tabuleiro do jogo **cobras e escadas**. Complete-a.

◆ Nas palavras **escadas**, **universo** e **esquerdo**, o som **/s/** é representado pela letra _____.

**2** Agora complete esta outra frase.

◆ Nas instruções de montagem, há uma palavra em que o som **/s/** é grafado com **ss**. É a palavra _____.

**3** Complete com **c** ou **ç** as palavras que foram retiradas das instruções de montagem e depois complete a frase.

a) conhe_____ido   c) cren_____a   e) peda_____o

b) manuten_____ão   d) pre_____isar   f) _____ima

> Nessas palavras, o som **/s/** foi representado por _____ e _____.

**4** Escreva o nome das imagens.

_____   _____   _____

**5** Complete as palavras a seguir com **sc, sç, x** ou **xc**.

a) cre_____o   c) e_____esso   e) flore_____am

b) na_____em   d) e_____periência   f) con_____iência

> O som **/s/** pode ser representado por letras ou grupos de letras: **c, ç, s, ss, sc, sç, x e xc**.

# Texto 2 — Regras de jogo

1. Observe o próximo texto. Qual é a relação dele com o texto da página 33?

2. Quando você brinca com um jogo pela primeira vez, como faz para saber quais são as regras?

**Cobras e escadas (Parte 2)**

**Como jogar**

Em 2 a 5 jogadores, o objetivo é chegar primeiro à casa de número 100.

1. O jogador só pode começar a partida quando tira 6 no dado. Então, deve lançar de novo os dois dados e andar com seu peão o número da soma dos dados jogados. Em seguida, passa a vez.

2. Quando alguém cai numa casa ocupada por outro jogador, o adversário precisa voltar ao início do jogo e só recomeça após tirar o número 6.

3. Se o peão cair no início de uma escada, ele deve subir até seu topo, avançando no tabuleiro. Quando cair na cabeça de uma cobra, tem de descer até sua cauda.

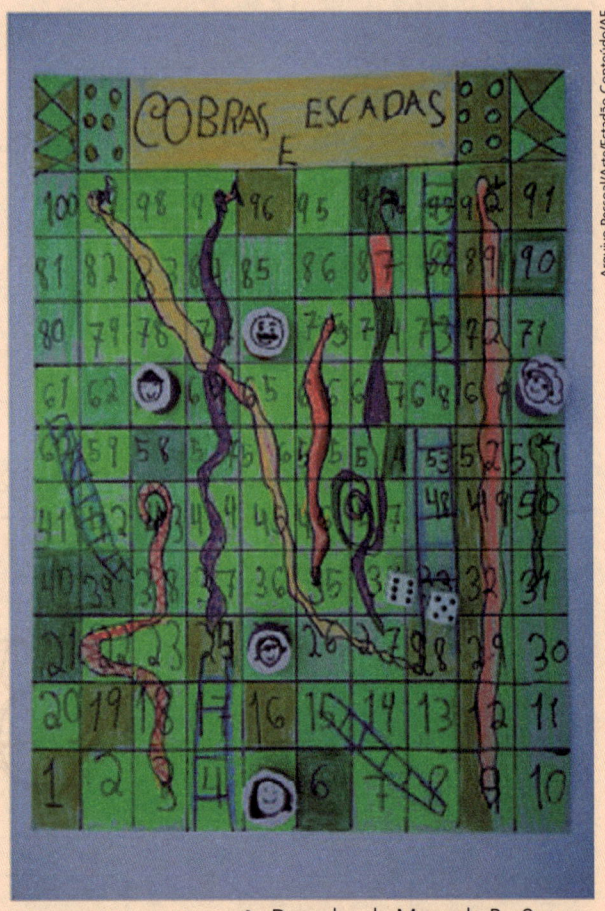

▶ Desenho de Manuela B., 9 anos.

Adriana Klisys. *Quer jogar?* Ilustrações de Carlos Dala Stella. São Paulo: Sesc, 2010.

# Estudo do texto

**1** O que é preciso fazer antes de começar a jogar?

_____

_____

**2** De acordo com o texto, o que é necessário para jogar **cobras e escadas**?

_____

**3** Qual é o objetivo do jogo?

_____

**4** Escreva no quadro o que deve ser feito nas duas situações mencionadas.

| Se o peão cair no início de uma escada | Se o peão cair na cabeça de uma cobra |
|---|---|
| | |

**5** Qual é o objetivo do texto? Assinale a alternativa correta.

☐ Instruir o leitor a montar o tabuleiro e as peças de um jogo.

☐ Instruir o leitor a brincar com um jogo.

☐ Argumentar sobre um jogo que tem tabuleiro e peças de madeira.

> Uma das principais características das **regras de jogo** são as instruções dadas aos participantes. Eles devem segui-las para avançar nas etapas.

**6** Em que publicações as regras de jogo podem ser encontradas?

_____

_____

**7** Quem é a autora do texto? Ela pode ser considerada entendida no assunto?

_____
_____
_____
_____

Agora observe como o texto sobre o jogo **cobras e escadas** foi publicado no *blog* infantil Estadinho, do jornal *O Estado de S. Paulo*. Nós dividimos o texto em três partes, apenas para deixar mais clara a estrutura dele. Veja.

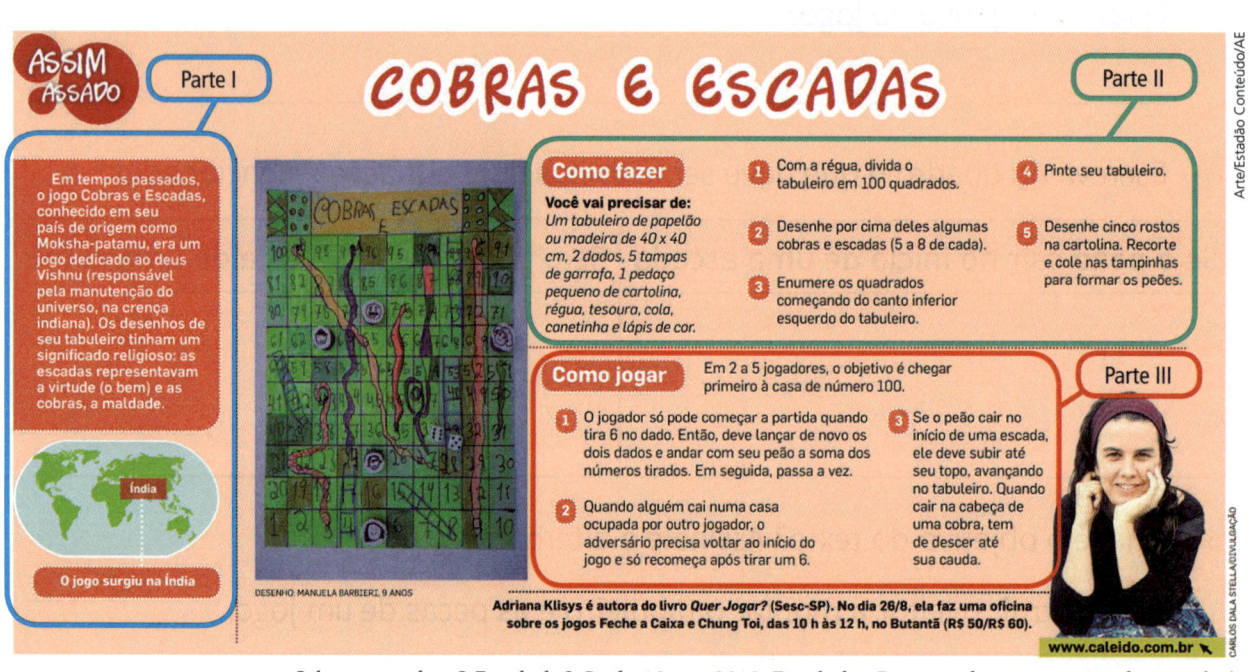

Cobras e escadas. *O Estado de S. Paulo*, 18 ago. 2012. Estadinho. Disponível em: <www.estadao.com.br/blogs/estadinho/cobras-e-escadas>. Acesso em: 10 abr. 2019.

**8** Marque a alternativa correta sobre as partes do texto "Cobras e escadas".

☐ A parte I apresenta a origem do jogo, a parte II ensina a montar o tabuleiro e a parte III ensina a jogar.

☐ A parte I informa os materiais necessários para montar o tabuleiro, a parte II e a parte III ensinam a jogar.

☐ As três partes têm a função de apresentar informações sobre a origem do jogo.

**9** De que maneira as informações das partes II e III estão organizadas?

☐ Em tópicos numerados e com títulos.

☐ Em tópicos com letras maiúsculas.

☐ Com títulos em letras minúsculas.

**10** Observe que a fotografia do tabuleiro já pronto não foi agrupada em nenhuma das partes. Por quê?

☐ Porque o tabuleiro da fotografia não tem utilidade.

☐ Porque o tabuleiro da fotografia foi feito por uma criança.

☐ Porque o tabuleiro da fotografia ajuda a compreender as três partes.

**11** Leia os trechos a seguir e observe as palavras destacadas.

**Enumere** os quadrados [...].
[...] o adversário **precisa voltar** ao início do jogo [...].

a) O que os verbos destacados exprimem?

☐ Dúvida.

☐ Surpresa.

☐ Ordem.

b) Copie das partes II e III pelo menos dois trechos com verbos que exprimam o mesmo sentido.

_____

_____

_____

> Tanto nas instruções de montagem como nas **regras de jogo** são usados verbos que expressam ordem, orientação, instrução.
> As frases das regras de jogo são curtas, e a linguagem é objetiva e clara, do mesmo modo que nas instruções de montagem.

# Estudo da língua

## Verbo e construção de sentidos

**1** Releia dois trechos do texto "Cobras e escadas". Neles, o verbo **começar** aparece de duas formas diferentes. Observe.

Enumere os quadrados **começando** do canto inferior esquerdo do tabuleiro.
O jogador só pode **começar** a partida quando tira 6 no dado.

O verbo apresenta o mesmo sentido nas duas ocorrências? Explique.

_____

**2** Leia a tirinha do Menino Maluquinho.

Ziraldo.

a) No primeiro quadrinho, a que palavra o termo "importados" se refere?
_____

b) Qual é o sentido de "importados" nesse quadrinho?
_____

c) No segundo e no terceiro quadrinhos, "importar" e "importa" têm sentidos semelhantes? Explique.
_____
_____

d) Que efeito a palavra "importa", na fala do pai de Maluquinho, provoca na tirinha? Como sua resposta pode ser comprovada?
_____
_____

**3** Observe o verbo destacado nas frases a seguir.

I. Para vir à escola, o menino prefere **andar** a pé.

II. O dia **andou** muito rápido.

III. O pai **anda** preocupado com a saúde do filho.

a) O verbo tem o mesmo sentido em todas as frases? Explique.

_____

_____

_____

b) Indique o número da frase correspondente a cada sentido de **andar**.

☐ Passar.  ☐ Caminhar.  ☐ Estar.

**4** Nas frases da atividade 3, o verbo **andar** indica:

☐ ação em todas as frases.  ☐ estado na frase III.

☐ ação somente nas frases I e II.

**5** Consulte o dicionário e escreva o significado de **ligar** em cada frase.

a) Peça a ele que **ligue** a TV.

_____

b) Não **liga** quando fazem fofocas.

_____

Alguns verbos, de acordo com o contexto em que são empregados, podem ter diferentes sentidos. Além disso, podem indicar ora ação, ora estado de um ser ou fenômeno da natureza.

### Aí vem história

O Menino Maluquinho é um personagem criado por Ziraldo. Ele apronta muito, mas, na HQ da página 240, até o pai sai na defesa dele. Leia e divirta-se!

## Produção de texto

## Regras de jogo

Esta produção de texto será feita em três etapas. A primeira será uma pesquisa e a segunda, a elaboração das regras de um jogo. Após finalizar essas duas etapas, com o professor e os colegas, você irá elaborar um portfólio com os jogos da turma.

**Primeira etapa**

1. Converse com seus pais, tios, avós sobre os jogos com que eles costumavam brincar quando crianças. Para organizar melhor esse processo, utilize a ficha a seguir.

| JOGOS DA INFÂNCIA ||
|---|---|
| Nome do jogo | |
| Onde era jogado | |
| Principais regras | |
| Objetivo | |
| Materiais utilizados | |

2. Caso você não consiga fazer a pesquisa proposta, veja a seguir algumas sugestões de jogos bem comuns na infância de muitas pessoas. Escolha um deles e preencha a ficha da página anterior:
   - amarelinha;
   - as cinco Marias;
   - caça ao tesouro;
   - mímica.

## Segunda etapa

1. Nesse momento você deve organizar as regras do jogo que pesquisou. Como alguns jogos podem ser mais antigos, você pode fazer adaptações dos materiais, do local onde é jogado, do número de jogadores etc.
2. Organize seu texto como indicado a seguir.
   - Liste os materiais necessários, a quantidade de jogadores e as regras do jogo.
   - Para cada etapa, escreva tópicos numerados.
   - Faça uma apresentação e coloque o título (pode ser o nome do jogo).
   - Crie ilustrações para ajudar a explicar o jogo.
   - Use verbos que indiquem orientações de forma clara e objetiva.
   - Elabore frases curtas.
3. Depois de finalizar o texto, retome-o e revise-o. Observe se:
   - o texto está dividido em tópicos numerados;
   - as frases são curtas e claras;
   - os verbos indicam instrução;
   - as ilustrações estão claras e não atrapalham a leitura;
   - não há erros de ortografia.

## Terceira etapa

1. O professor combinará com vocês uma data para a elaboração do portfólio. Traga para a sala de aula figuras, canetinhas, cola, folhas de papel colorido etc., de acordo com as orientações dele. O portfólio ficará disponível na biblioteca para que os colegas de outras turmas também conheçam os jogos que sua turma organizou.

# Revendo o que aprendi

Leia o texto a seguir para fazer as atividades de 1 a 6.

`www.almanaquedospais.com.br/batalha-naval-jogo-para-imprimir-e-regras`

## Batalha naval – Jogo para imprimir e regras

Regras do jogo

**Número de jogadores:**
2 jogadores.

**Os navios:**
1 porta-aviões
2 encouraçados
3 cruzadores
4 submarinos
5 hidroaviões

**Preparação do jogo:**
– Imprima a imagem com o desenho do jogo e corte na linha indicada. Cada jogador ficará com uma metade.
– Os jogadores não podem ver o jogo do oponente.
– Na área "**SEU JOGO**" distribua os navios marcando com um "X" os quadradinhos e respeitando o formato exato de cada navio.
– Os navios não podem se tocar, ou seja, será necessário um quadrado livre entre os navios.

**O jogo – regra tradicional**
– Decida quem será o primeiro a jogar (pode ser no par ou ímpar);
– O primeiro jogador irá dar as coordenadas de seu tiro fornecendo o número e letra equivalentes ao quadrado que atirou;
– O segundo jogador responderá se o local do tiro é **ÁGUA** (quando o quadrado está vazio), **FOGO** (quando acerta uma parte de navio) ou **AFUNDOU** (quando acerta o navio inteiro ou todas as partes do navio);
– Quem estiver atirando deverá marcar o local na área "**JOGO DO ADVERSÁRIO**". Se for ÁGUA, marque com uma bolinha para não atirar no mesmo quadradinho mais de uma vez. Se for FOGO, marque com X, se AFUNDOU, pinte o quadrado e já coloque bolinhas ao redor, pois nenhum navio pode encostar no outro.
– O adversário não poderá informar o tipo do navio, somente se foi FOGO ou AFUNDOU. Cabe ao outro jogador descobrir através das chances de tiros.
– Se o tiro acertou a ÁGUA, passa a vez para o segundo jogador atirar. Se acertou o navio (parte ou inteiro) pode atirar novamente.

Disponível em: <www.almanaquedospais.com.br/batalha-naval-jogo-para-imprimir-e-regras>. Acesso em: 12 abr. 2019.

**1** O título do jogo sugere algo que acontece:

☐ em uma floresta.

☐ no mar.

☐ em um planeta distante.

**2** Retire do texto as palavras que justificam a resposta que você assinalou na questão anterior.

_____

**3** Esse jogo é disputado em um computador ou em um tabuleiro? Justifique sua resposta.

_____

_____

**4** A finalidade do texto é explicar as regras de um jogo, pois:

☐ tem várias palavras que indicam ordem, instrução, como **decida**.

☐ tem muitas ilustrações que indicam como montar o jogo.

☐ explica como as peças devem ser organizadas.

**5** Leia estas palavras tiradas do texto. Faça um **X** no grupo em que todas as letras destacadas representam o som /s/, isto é, o som do **s** de **sábado** e do **c** de **cebola**.

☐ forne**c**endo, de**s**enho, ve**z**, **s**egundo

☐ encoura**ç**ados, adver**s**ário, a**c**ertou, pa**ss**a

**6** Em qual destas palavras o **s** representa o mesmo som que o **z** de **cruzadores**?

☐ navios

☐ segundo

☐ desenho

O texto a seguir servirá de base para as atividades 7 a 9.

https://gestaoescolar.org.br/conteudo/120/jogos-de-tabuleiro-por-todos-os-lados

## Moinho ou trilha

**Objetivo do jogo**

Deixar o adversário com apenas duas peças ou sem movimento.

**Regras**

Os jogadores se alternam para colocar uma peça de cada vez em um ponto vazio do tabuleiro. Assim que todas as peças estiverem na placa, começam a movê-las ao ponto vazio seguinte. Cada participante deve tentar fazer fileiras de três peças (os moinhos) do mesmo tipo ao longo das linhas retas. Ao fazer isso, a pessoa recebe o direito de remover uma peça do adversário, desde que ela não faça parte de um moinho já formado. Perde aquele que possuir apenas duas peças ou que não conseguir mais se mover no tabuleiro.

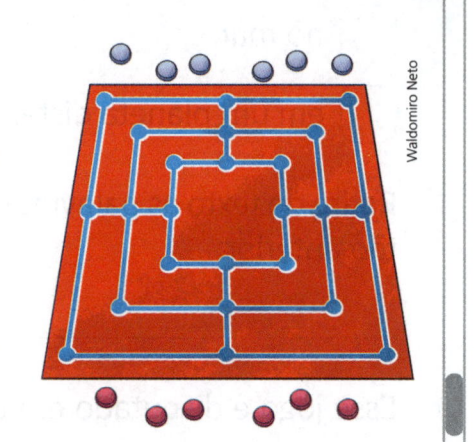

**Participantes**

Dois.

Disponível em: <https://gestaoescolar.org.br/conteudo/120/jogos-de-tabuleiro-por-todos-os-lados>. Acesso em: 12 abr. de 2019.

**7** Marque a opção que explica o que há em comum entre o primeiro texto desta seção e o texto que você leu agora.

☐ Nos dois textos há instruções de como montar um jogo.

☐ Nos dois textos há instruções de como jogar.

☐ Nos dois textos há palavras que indicam ordem, instrução.

**8** De que maneira o texto foi organizado?

_____

_____

**9** Escreva uma justificativa para o nome do jogo (**moinho** ou **trilha**).

_____

_____

## Para ir mais longe

### Livros

▶ **O livro dos jogos, brincadeiras e bagunças do Menino Maluquinho**, de Ziraldo. São Paulo: Melhoramentos, 2011.

Nesse livro, o famoso personagem do escritor Ziraldo, Menino Maluquinho, faz uma viagem histórica por brincadeiras que já animaram muitas crianças. Canções e jogos também são resgatados. É diversão e bagunça garantida!

▶ **O grande livro dos jogos e brincadeiras infantis**, de Debra Wise. São Paulo: Madras, 2005.

Esse livro apresenta mais de 450 brincadeiras ilustradas e selecionadas para crianças e adolescentes entre 3 e 14 anos. As explicações são completas e fáceis de entender. São ótimas soluções de divertimento para férias, dias de chuva, festas, viagens etc.

▶ **99 brincadeiras cantadas**, de Marlon Chucruts e Cia. Malas Portam. São Paulo: Sesi, 2018.

Imagine conhecer brincadeiras cantadas de outras épocas. Nesse livro, você vai aprender a cantar e a brincar com essas canções. Por meio de *links* e *QR codes*, também é possível acessar e ouvir as canções.

### Site

▶ **Território do Brincar:** <https://territoriodobrincar.com.br/brincadeiras-pelo-brasil/>. Acesso em: 17 jun. 2019.

Acessando esse *site*, você descobrirá brincadeiras do Brasil todo. Elas foram reunidas depois de uma pesquisa muito cuidadosa de um casal e seus filhos, que percorreram o país para descobrir como se brinca em cada lugar.

# UNIDADE 3
## O que vejo, o que penso

- Você já foi a um lugar assim? Conte o que viu.
- Observe o homem com camiseta listrada. O que ele e a menina estão observando?
- Você já sentiu vontade de contar sua opinião sobre um filme a que assistiu? Se já fez isso, descreva como foi.

## Que filme é esse?

Observe a imagem a seguir e imagine que seja de um filme. Crie um título para ele. Em seguida, escreva também uma pequena descrição dele.

_____
_____
_____
_____
_____
_____

1. Em *sites*, jornais e revistas, é comum haver um espaço, uma seção, para o leitor expressar opiniões, sugestões e até mesmo reclamações. Você já viu esse tipo de seção? Conte o que sabe a respeito.

2. A seguir, você lerá três cartas do leitor publicadas em duas revistas impressas: uma revista de divulgação científica para crianças e outra especializada em filmes e séries.

# Texto 1 — Carta do leitor

**Carta do leitor 1 – Publicada na seção "Cartas"**

CARTAS

**Mamíferos perdidos**

Oi, eu sou Abigail, tenho 8 anos e gosto muito da CHC. Gosto muito de dinossauros e a minha matéria favorita é a "Pistas para identificar mamíferos", publicada na CHC 281. Quando eu crescer, quero ser paleontóloga e também gosto muito de animais.

**Abigail S. M., Paraty/RJ.**

Já publicamos muitas matérias sobre dinossauros, Abigail. É só pesquisar em <www.chc.org.br>.

*Ciência Hoje das Crianças*, ano 30, n. 288, p. 26, 28 maio 2019.

**Carta do leitor 2 – Publicada na seção "Cartas"**

CARTAS

**Lobo branco**

Olá, pessoal da CHC. Eu amei a revista número 221, que fala sobre a jaguatirica. Eu não sabia que a jaguatirica estava em extinção! Eu queria que vocês falassem sobre o lobo branco. Eu amo muito lobos. Obrigado! Gosto muito de vocês.

**Jonatas G. R., Parque dos Eucaliptos/SP.**

Vamos atrás de informações sobre o lobo, Jonatas.

*Ciência Hoje das Crianças*, ano 30, n. 288, p. 26, 28 maio 2019.

### Carta do leitor 3 – Publicada na seção "Canto do leitor"

**Canto do leitor**

**Errata**

Em entrevista da edição 92, a atriz Gal Gadot diz que seu objetivo era "... entregar o melhor perfil e a história mais original sobre Diana Palmer". Como assim? Foi a atriz que se enganou ou foi o crítico? Aproveitando este *e-mail*, gostaria de saber se existe uma previsão de lançamento do filme *Ocho Apellidos Vascos* e de sua sequência, *Ocho Apellidos Catalanes*, em DVD ou *blu-ray*.

**Hélio Y. W., por *e-mail***

*Caro Hélio, obrigado pelo toque. O leitor Igor das M. M. também nos alertou do erro. Ambos lembraram que Diana Palmer é esposa do herói Fantasma, criado por Lee Falk em 1936. Com certeza a confusão foi na hora de transcrever a entrevista, pois o certo é Diana Prince. Em relação a sua dúvida, realmente nenhuma distribuidora brasileira anunciou os filmes que você mencionou. Vamos ficar atentos.*

*Preview*, ano 8, n. 93, p. 50, 28 maio 2019.

## Estudo do texto

**Glossário**

**Errata:** correção de erros publicados em uma obra.

**1** As cartas pessoais costumam ter as seguintes partes:
- nome da cidade;
- saudação;
- despedida;
- data;
- assunto do texto;
- assinatura.

a) As cartas do leitor que você leu têm todas essas partes? Explique as partes de cada uma delas.

_____
_____
_____

b) É possível compreender as cartas 1, 2 e 3 apenas com as partes que você explicou? Por quê?

_____
_____
_____

**2** Para que essas cartas do leitor foram escritas?

_____

_____

_____

**3** Por que a carta do leitor 1 recebeu o título "Mamíferos perdidos"?

_____

_____

_____

**4** Nas cartas do leitor em estudo, não há as datas em que foram escritas. Que dados podem ajudar a localizá-las no tempo?

- ☐ Título da revista.
- ☐ Editora da revista.
- ☐ Conteúdos mencionados nas cartas.
- ☐ Ano e mês de publicação.
- ☐ Número da revista.
- ☐ Nome dos remetentes.

**5** Escreva **V** nas afirmações verdadeiras e **F** nas falsas.

- ☐ Na carta 3, o leitor comunica um erro publicado pela revista e faz uma pergunta.
- ☐ A carta 1 e a carta 2 têm o mesmo objetivo, pois foram enviadas para a mesma publicação.
- ☐ Na carta 1, a revista e uma reportagem publicada por ela são elogiadas.
- ☐ Na carta 2, o leitor elogia a revista e faz uma sugestão.

> **Carta do leitor** é uma mensagem enviada por um leitor a jornais, revistas ou *sites*.

**6** Complete o quadro com as informações pedidas.

|  | Carta 1 | Carta 2 | Carta 3 |
|---|---|---|---|
| Título | | | |
| Remetente | | | |
| De onde | | | |
| Enviada por | | | |

> As cartas do leitor podem ser enviadas por correio, por *e-mail* ou pelas redes sociais.

**7** Complete a frase com as palavras do quadro.

> erros    opinião    reclamações    sugestões

- Em geral, a carta do leitor contém a _____ de quem a escreveu a respeito de um texto publicado pelo veículo de comunicação.

_____, _____ e indicação de _____ também são frequentes nessas mensagens.

**8** Resuma o assunto de cada carta do leitor e as respostas delas.

_____
_____
_____

## Estudo da escrita

## Acentuação gráfica de proparoxítonas e oxítonas

1. Releia os trechos a seguir, retirados da carta 3.

   I. Foi a atriz que se enganou ou foi o **crítico**?

   II. Em relação a sua **dúvida**, realmente nenhuma distribuidora brasileira anunciou os filmes que você mencionou.

   a) Separe em sílabas as palavras destacadas.

   _____

   b) Em qual sílaba está o acento gráfico?

   ☐ Última.   ☐ Penúltima.   ☐ Antepenúltima.

2. As palavras do quadro a seguir foram retiradas das cartas 1, 2 e 3.

   | herói | paleontóloga | olá | também |
   |---|---|---|---|
   | número | matéria | mamíferos | vocês |

   a) Circule a sílaba tônica dessas palavras.

   b) Sublinhe as palavras que levam acento na mesma posição da sílaba tônica que as palavras **crítico** e **dúvida**.

   > As palavras cuja sílaba tônica é a antepenúltima são **proparoxítonas**.
   > Palavras proparoxítonas sempre devem receber acento gráfico (agudo ou circunflexo).

3. Reescreva as palavras destacadas na atividade 1 sem os acentos gráficos.

   _____

4. O sentido das palavras mudou? E a pronúncia? Explique.

   _____
   _____
   _____

**5** Agora complete as frases com uma das palavras entre parênteses.

a) O _____ não gostou do filme. (crítico/critico)

b) Eu _____ a apresentação daquele ator. (crítico/critico)

> A mudança da sílaba tônica e o acento gráfico podem alterar o sentido e a pronúncia de uma palavra.

**6** Escreva o nome do que está retratado nas imagens.

_____   _____   _____   _____

a) Circule a sílaba tônica dessas palavras.

b) Quando a última sílaba é a tônica, a palavra é: _____.

**7** Leia as palavras do quadro a seguir e circule a sílaba tônica delas.

| civil | jacaré | rapaz | guru | crochê |
|-------|--------|-------|------|--------|
| cipó  | cajá   | metrô | atum | bombom |

a) Qual é a posição da sílaba tônica dessas palavras? _____

b) Copie as palavras acentuadas separando-as em sílabas.
_____

c) Como terminam as sílabas acentuadas?
_____

> As palavras oxítonas terminadas em **a**, **e**, **o**, com ou sem **s** no final, devem ser acentuadas. As oxítonas terminadas em **em** e **ens**, como **ninguém** e **armazéns**, também recebem acento gráfico.

# Texto 2 — Sinopse

1. Você costuma se informar sobre um filme, uma série ou um espetáculo antes de vê-lo? Por quê?

2. Antes de assistir a um filme, como podemos descobrir seu tema e se ele é uma comédia, um filme de aventura ou um drama?

3. Você lerá duas sinopses do filme *Meu malvado favorito 3*: uma publicada em uma revista impressa direcionada ao público infantil e outra veiculada em jornal impresso de circulação nacional.
   Observe a miniatura da sinopse 1. Em sua opinião, de onde ela foi retirada?

**Sinopse 1**

### Capa

## ELES ESTÃO DE VOLTA!

Em *Meu Malvado Favorito 3*, os personagens terão que enfrentar um vilão bem diferente!

Texto • Letícia Yazbek
Design • Gizele Agozzino

**DIRETO DO PASSADO**
Na terceira parte dessa história, Gru e Lucy são um casal apaixonado e trabalham juntos como agentes secretos. É aí que recebem a missão de enfrentar Balthazar Bratt, um vilão bem-sucedido dos anos 1980, que está de volta à ativa. Para impedir que Bratt domine o mundo, Gru contará com a ajuda das filhas, Agnes, Margo e Edith, e dos fiéis Minions. E tem mais: Gru vai descobrir que tem um irmão gêmeo, Dru!

**LUCY**
Esposa de Gru, é agente secreta da Liga Antivilões. Ela tem a missão de impedir que Balthazar Bratt domine o mundo. Lucy incentiva Gru a se aproximar do irmão gêmeo, mas não quer que ele volte a ser um vilão.

**GRU**
Depois de desistir de ser um vilão e se apaixonar por Lucy, Gru faz de tudo para mostrar que pode ser um agente secreto. Junto com Lucy, ele parte em uma aventura para deter Balthazar Bratt.

**DRU**
Apesar da semelhança com Gru, Dru é bem diferente do irmão. Divertido e bem-sucedido, ele quer continuar a tradição da família e ser um vilão. Mas não leva jeito e precisará da ajuda de Gru.

**BALTHAZAR BRATT**
Ex-ator mirim e astro de TV, foi um vilão famoso dos anos 1980. Ele tem novos planos para dominar o mundo e vai aterrorizar a vida de Gru, Lucy, Agnes, Margo e Edith.

Balthazar não se esquece das roupas e músicas dos anos 1980, e vive de acordo com a época. Fã de Michael Jackson, ele adora dançar. Veste macacão roxo com ombreiras e calças largas, luvas sem dedos e sapatos brancos. Usa cabelos no estilo *mullet*, curtos na frente e longos atrás.

**RELEMBRE A HISTÓRIA**
Em Meu Malvado Favorito (2010), Gru é um vilão e quer roubar a Lua com o raio encolhedor, que é roubado dele. Assim, cria um plano em que precisa da ajuda das órfãs Margo, Edith e Agnes. Elas conquistam Gru, que larga a carreira de vilão e as adota. Já em Meu Malvado Favorito 2 (2013), Gru é recrutado pela Liga Antivilões para salvar o mundo na companhia da agente Lucy.

Recreio/Edição 903/Editoras Caras S.A

## Capa

# ELES ESTÃO DE VOLTA!

Em **Meu Malvado Favorito 3**, os personagens terão que enfrentar um vilão bem diferente!

Texto • Letícia Yazbek
Design • Gizele Agozzino

### DIRETO DO PASSADO
Na terceira parte dessa história, Gru e Lucy são um casal apaixonado e trabalham juntos como agentes secretos. É aí que recebem a missão de enfrentar Balthazar Bratt, um vilão bem-sucedido dos anos 1980, que está de volta à ativa. Para impedir que Bratt domine o mundo, Gru contará com a ajuda das filhas, Agnes, Margo e Edith, e dos fiéis Minions. E tem mais: Gru vai descobrir que tem um irmão gêmeo, Dru!

### DRU
Apesar da semelhança com Gru, Dru é bem diferente do irmão. Divertido e bem-sucedido, ele quer continuar a tradição da família e ser um vilão. Mas não leva jeito e precisará da ajuda de Gru.

IMAGENS: DIVULGAÇÃO E SHUTTERSTOCK

**LUCY**
Esposa de Gru, é agente secreta da Liga Antivilões. Ela tem a missão de impedir que Balthazar Bratt domine o mundo. Lucy incentiva Gru a se aproximar do irmão gêmeo, mas não quer que ele volte a ser um vilão.

**BALTHAZAR BRATT**
Ex-ator mirim e astro de TV, foi um vilão famoso dos **anos 1980**. Ele tem novos planos para dominar o mundo e vai aterrorizar a vida de Gru, Lucy, Agnes, Margo e Edith.

**GRU**
Depois de desistir de ser um vilão e se apaixonar por Lucy, Gru faz tudo para mostrar que pode ser um agente secreto. Junto com Lucy, ele parte em uma aventura para deter Balthazar Bratt.

Balthazar não se esquece das roupas e músicas dos anos 1980, e vive de acordo com a época. Fã de Michael Jackson, ele adora dançar. Veste macacão roxo com ombreiras e calças largas, luvas sem dedos e sapatos brancos. Usa cabelos no estilo *mullet*, curtos na frente e longos atrás.

**RELEMBRE A HISTÓRIA**
Em Meu Malvado Favorito (2010), Gru é um vilão e quer roubar a Lua com o raio encolhedor, que é roubado dele. Assim, cria um plano em que precisa da ajuda das órfãs Margo, Edith e Agnes. Elas conquistam Gru, que larga a carreira de vilão e as adota. Já em Meu Malvado Favorito 2 (2013), Gru é recrutado pela Liga Antivilões para salvar o mundo na companhia da agente Lucy.

Letícia Yazbek. Eles estão de volta! *Recreio*, São Paulo, ano 17, n. 903, p. 22, 23, 29 jun. 2017.

# Sinopse 2

## MEU MALVADO FAVORITO 3 ★★★

(Despicable me 3) EUA, 2017. Direção: Pierre Coffin e Kyle Balda. Um malvado bem-sucedido dos anos 80 está de volta e promete aterrorizar a vida de Gru, Agnes, Margo, Edith, Lucy e os atrapalhados Minions. Em meio a confusão, Gru também vai conhecer o seu irmão gêmeo, Dru. 90 min. Livre.

Meu malvado favorito 3. *Folha de S.Paulo*, São Paulo, 29 jun. 2017. Ilustrada, p. 2.

# Estudo do texto

**1** Qual é o assunto das duas sinopses?

**2** Pela leitura das duas sinopses, é possível saber quem são os personagens e a história do filme? Como?

> O objetivo de uma **sinopse** é apresentar ao leitor, de forma resumida, a visão geral de uma obra.

**3** Faça as atividades a seguir sobre a sinopse 1.

a) A sinopse 1 é composta por textos e imagens. Como esses elementos foram distribuídos e organizados?

b) Na parte de cima da sinopse, à esquerda, há a palavra "Capa". O que ela indica?

☐ Que esse texto completo está na capa.

☐ Que esse é o assunto principal da revista.

c) Explique o intertítulo "Direto do passado".

_____

_____

d) O número 3, no título do filme, indica que ele faz parte de uma sequência. Sublinhe o trecho da sinopse que confirma essa informação.

e) Quem são Gru e Lucy? O que acontecerá com eles?

_____

_____

_____

f) Que atitudes de Balthazar Bratt estão ligadas aos anos 1980?

_____

_____

_____

**4** Agora faça as atividades sobre a sinopse 2.

a) Onde e quando a sinopse foi publicada?

_____

_____

b) Há três estrelas ao lado do nome do filme. O que isso indica?

_____

_____

c) Assinale a opção que explica corretamente a palavra **acontece**, ao lado da data do jornal.

☐ A palavra **acontece** é o nome de uma seção, isto é, de uma parte do jornal em que a sinopse foi publicada.

☐ A palavra **acontece** não deveria estar publicada, ela não tem nenhum significado no jornal.

d) Além do resumo do filme, que informações o leitor pode obter na sinopse 2?

_____

_____

**5** Que semelhanças e diferenças há entre a sinopse 1 e a 2?

_____

_____

_____

**6** Além de revistas e jornais, onde as sinopses podem ser encontradas?

_____

**7** Qual das duas sinopses você indicaria para quem não conhece essa série de filmes? Por quê?

_____

_____

**8** Complete a frase sobre sinopse com as palavras do quadro.

> resumo   curto   linguagem

- Sinopse é o _____ de uma obra. Geralmente, é um texto _____, com _____ objetiva e direta.

> Em geral, as **sinopses** descrevem dados básicos do enredo de uma obra, exceto o final ou informações que possam comprometer o interesse de quem ainda não a viu ou leu.

**9** Na sinopse 1, afirma-se que Balthazar Bratt é fã de Michael Jackson. Você já ouviu falar de Michael Jackson?

a) Faça uma pequena entrevista com seus pais, avós, tios e familiares e pergunte sobre esse artista. Pesquise, também, na internet.

b) Mostre aos entrevistados a imagem de Balthazar Bratt e pergunte-lhes se ele se parece com Michael Jackson.

c) Siga o roteiro para a entrevista:

- Onde e quando Michael Jackson nasceu?

  _____

- O que ele fazia? _____
- Por que ele era famoso?

  _____

- O que os entrevistados disseram ao ver a imagem de Balthazar Bratt?

  _____

d) No dia combinado, apresente à turma suas descobertas.

### Aí vem história

Aos cinco anos e cheio de curiosidade e perguntas, o menino Toby Little, que vive na Inglaterra, começou a escrever cartas para pessoas do mundo todo. E elas responderam! Na página 244, você vai ler duas dessas correspondências.

## Estudo da língua

## Formação de palavras por derivação

**1** Releia os trechos a seguir. Eles foram retirados da sinopse 1.

I. Ele tem novos planos para dominar o mundo e vai **aterrorizar** a vida de Gru, Lucy, Agnes, Margo e Edith.

II. Veste macacão roxo com **ombreiras** e calças largas [...].

III. **Relembre** a história.

◆ Agora escreva o significado das palavras destacadas. Se for necessário, consulte um dicionário.

a) Aterrorizar: _____.

b) Ombreiras: _____.

c) Relembre: _____.

**2** Foram feitas algumas alterações nas palavras da atividade anterior. Veja como elas ficaram.

> terror   ombro   lembre

a) Descreva as modificações ocorridas nas palavras.

_____
_____

b) Após as modificações, quais significados as palavras assumiram? Escreva-os a seguir.

◆ Terror: _____.

◆ Ombro: _____.

◆ Lembre: _____.

> Uma palavra nova (derivada) pode ser formada de outra que já existe (primitiva). Esse processo de formação de palavras é chamado **derivação**.

**3** Junte as partes e escreva a palavra formada.

a) flor + escer    b) des + apego    c) i + legal + mente

_____    _____    _____

◆ Complete o quadro com as partes e as palavras que você formou.

| Prefixo | Palavra primitiva | Sufixo | Palavra derivada |
|---|---|---|---|
| | | | |
| | | | |
| | | | |

> O grupo de letras acrescentado a uma palavra primitiva é chamado **afixo**. Quando ele é posto no início da palavra, chama-se **prefixo**; quando é colocado no final da palavra, chama-se **sufixo**.

**4** Complete o quadro com os afixos a seguir.

> in    des    mente    oso

| Prefixo | Palavra primitiva | Sufixo | Palavra(s) derivada(s) |
|---|---|---|---|
| _____ | feliz | _____ | _____ |
| _____ | alegre | _____ | _____ |
| _____ | fazer | _____ | _____ |
| _____ | carinho | _____ | _____ |
| _____ | útil | _____ | _____ |

## Um pouco mais sobre

## Anos 1980

Como vimos na sinopse do filme *Meu malvado favorito 3*, o vilão Balthazar Bratt "vive de acordo com a época", ou seja, de acordo com a década de 1980. O que será que isso quer dizer?

Os anos 1980 ficaram famosos pelas roupas, calçados e cortes de cabelos de estilos bem próprios. Além da moda, brinquedos, filmes, desenhos, bandas e cantores tornaram esse período marcante para a cultura, especialmente para a cultura *pop*.

No filme *Meu malvado favorito 3* aparecem muitas referências aos anos 1980: músicas, brinquedos e até instrumento musical. Veja.

▶ O *keytar*, no Brasil chamado de controlador, é um instrumento musical. Ele é uma combinação de guitarra, teclado e sintetizador (instrumento que emite sons elétricos).

▶ Michael Jackson, artista sobre o qual você fez uma pesquisa, foi um dos mais importantes desse período, tanto que ficou conhecido como "Rei do *Pop*".

▶ Grupo de pessoas com roupas e acessórios populares nos anos 1980.

▶ Esse foi um dos brinquedos mais populares dos anos 1980. A brincadeira consiste em deixar cada lado do cubo com quadrados da mesma cor.

### Glossário

*Pop*: criação artística de origem popular veiculada em meios de comunicação de massa, como rádio e televisão.

**1** Converse com familiares adultos e pergunte a eles o que conhecem ou do que se lembram da década de 1980.

**2** Peça a eles que mostrem imagens dessa época: artistas, objetos, roupas etc. Pergunte como era a vida deles nos anos 1980: Quantos anos cada um tinha? Quais eram suas principais atividades? Como se divertiam?

**3** No Brasil, na década de 1980, também surgiram grandes artistas e bandas. Pesquise três artistas ou bandas nacionais surgidos nesse período. Siga as orientações do professor.

## Produção de texto

## Carta do leitor

Agora você escreverá uma carta que será lida pelos editores de uma publicação (jornal e/ou revista). A carta será enviada para o jornal ou a revista escolhida, ou será exposta na escola, de acordo com as orientações do professor.

### Proposta 1

Escolha uma publicação dirigida ao público infantojuvenil (revistas ou jornais) e elabore uma carta sugerindo um assunto sobre o qual você gostaria de ler, como fez o autor da carta 2 estudada no início da unidade.

### Proposta 2

Sob a orientação do professor, você lerá uma matéria publicada em um jornal ou em uma revista da região em que vocês moram. Pode ser uma entrevista, uma notícia ou uma reportagem. Depois da leitura da matéria, decida se você fará um elogio, um comentário ou uma crítica à publicação.

### Planejamento e elaboração da carta do leitor

Escreva um texto objetivo e não muito extenso. Lembre-se dos possíveis leitores de seu texto e use uma linguagem adequada a eles.

Seu texto deve incluir local, data de redação da carta, vocativo, corpo do texto – no qual será detalhada a sugestão, a crítica ou o elogio à publicação – despedida e assinatura.

Lembre-se de que é comum jornais e/ou revistas publicarem somente partes das cartas, já que o espaço para essas mensagens, em geral, não é extenso.

### Revisão da carta do leitor

Depois de finalizar o texto, releia-o observando se ele contém:
- local, data, saudação, assunto do texto, despedida e assinatura;
- linguagem adequada aos leitores;
- palavras escritas corretamente.

## Revendo o que aprendi

**1** Leia uma carta do leitor publicada em uma revista.

---

CARTAS

**Cidade verde**

Oi, sou aluna do 5º ano B. Li uma reportagem na CHC 96 sobre as cidades, "Cadê o verde?". Aprendi que em uma cidade não basta apenas ter edifícios, comércios e praças. Precisamos também de um lugar para o verde.

**Maria Luisa S. O., Itapeva/SP.**

Isso mesmo, Maria Luisa! Abraços da nossa equipe!

*Ciência Hoje das Crianças*, ano 30, n. 286, p. 13, jan.-fev. 2017.

a) A carta foi escrita pela leitora com qual objetivo?

_____

_____

b) Assinale as afirmações corretas sobre a carta do leitor.

☐ A linguagem é formal. ☐ Há a assinatura da leitora.

☐ Apresenta saudação. ☐ Contém o local da redação da carta.

c) O que a autora da carta quis dizer à revista?

_____

_____

d) Qual foi a resposta da revista?

_____

_____

e) Sublinhe as palavras acentuadas graficamente na carta do leitor, de acordo com a legenda:

_____ Oxítonas ............ Proparoxítonas

**2** Leia a sinopse a seguir.

---

http://www.guiadasemana.com.br/cinema/sinopse/homem-aranha-de-volta-ao-lar

### Homem-Aranha: de volta ao lar
**Diretor:** Jon Watts
**Elenco:** Tom Holland, Robert Downey Jr., Donald Glover, Martin Starr
**País de origem:** USA
**Ano de produção:** 2017
**Classificação:** 10 anos

O jovem Peter Parker (Tom Holland), que fez sua estreia em *Capitão América: Guerra Civil*, começa a lidar com a sua recém-descoberta identidade como o super-herói Homem-Aranha. Entusiasmado com sua experiência com os Vingadores e sob o olhar atento de seu novo mentor, Tony Stark (Robert Downey Jr.), Peter retorna à casa onde vive com sua Tia May (Marisa Tomei). Quando o Abutre (Michael Keaton) emerge como um novo vilão, ele vê a oportunidade para provar que é mais do que o Homem-Aranha, amigo da vizinhança.

*Guia da Semana*. Disponível em: <www.guiadasemana.com.br/cinema/sinopse/homem-aranha-de-volta-ao-lar>.
Acesso em: 28 maio 2019.

---

**a)** O texto acima também é uma sinopse. Qual é o objetivo dele?

_____

_____

**b)** Além do resumo, o que mais há nessa sinopse?

_____

_____

_____

**c)** A palavra "entusiasmado" poderia ser substituída por qual das palavras a seguir sem que o sentido do texto mudasse?

☐ Animado. ☐ Desanimado. ☐ Indiferente.

**d)** Onde foi divulgada essa sinopse?

_____

_____

**3** Complete as frases com uma das palavras entre parênteses, observando o sentido delas.

a) Eu _____ histórias no jornal da escola. (público/publico)

b) Eles trabalham na _____ de automóveis. (fábrica/fabrica)

c) Aquele _____ construiu seu ninho no ipê. (sabiá/sabia)

d) No _____ os soldados praticam esportes. (exercito/exército)

**4** Complete o quadro considerando a formação de palavras por derivação.

| Palavra primitiva | Palavra derivada |
|---|---|
|  | aterrorizar |
| ombro |  |
|  | relembre |
|  | aproximar |
| encolher |  |

**5** Indique a palavra primitiva que originou:

a) tingido ⟶ _____;

b) marujo ⟶ _____;

c) cheiroso ⟶ _____;

d) gramado ⟶ _____;

e) indicação ⟶ _____;

f) livraria ⟶ _____.

**6** Escreva quatro palavras formadas com o acréscimo de prefixo.

_____

_____

**7** Agora escreva quatro palavras formadas com o acréscimo de sufixo.

_____

_____

## Para ir mais longe

### Livros

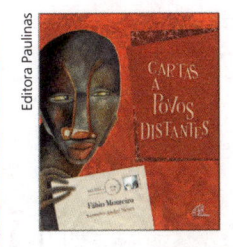

▸ **Cartas a povos distantes**, de Fábio Monteiro. São Paulo: Paulinas, 2015.

A história se passa na década de 1980. A intenção do autor é mostrar aos jovens de hoje como se fazia amizade tempos atrás, antes da era digital. O menino Giramundo, do Brasil, recebe uma carta sem o nome do remetente e com endereço de Luanda, Angola. Será que Giramundo se encontra com ele no final? A amizade construída por meio de cartas nos faz pensar em realidades diferentes da nossa e conhecer outras culturas.

▸ **Caro Einstein...**, de Lynne Barasch. São Paulo: Cosac Naify, 2007.

Inspirado em um episódio real, o livro narra a história de uma menina de 7 anos que enviou uma carta a Albert Einstein, um dos cientistas mais importantes de todos os tempos, na tentativa de ajudar a irmã mais velha a passar de ano na escola. Einstein responde de forma simples e cativante.

▸ **Carta da vovó e do vovô**, de Ana Miranda. 2. ed. Fortaleza: Armazém da Cultura, 2014.

Conheça o universo dos avós e fique atento aos estereótipos e preconceitos contra idosos. A convivência dos jovens com os mais experientes é enriquecedora, os avós têm muito a compartilhar com os mais novos. O texto leva você a refletir sobre o respeito aos idosos e a importância deles para a estrutura familiar.

### Site

▸ **Correio IMS:** <https://correioims.com.br>. Acesso em: 22 jun. 2019.

Em 2015, o Instituto Moreira Salles lançou um *site* destinado a divulgar cartas pessoais de figuras famosas e anônimas. Há cartas da princesa Leopoldina, de políticos e artistas. A maioria delas foi escrita por adultos, mas, pesquisando um pouco, é possível encontrar também cartas de crianças.

# UNIDADE 4
# Textos que informam

- Qual é o nome desse lugar? Você já esteve em um lugar como esse?
- O que as pessoas costumam fazer quando vão a lugares como esse?
- É possível divertir-se nesse tipo de lugar? Explique.

# Caça ao tesouro

Prepare-se para uma caçada: você receberá as pistas e, com os colegas, irá em busca do tesouro. Use seus instintos e, principalmente, seus conhecimentos de língua portuguesa. Boa sorte!

1. Na brincadeira, vocês se lembraram de características de notícias e reportagens? Quais?

2. Nos textos lidos há palavras cujo significado você não sabia? Quando isso acontece, o que você faz?

3. O que você precisa saber para encontrar uma palavra em um dicionário?

4. Agora leia um verbete retirado de um dicionário *on-line*.

## Texto 1 — Verbete de dicionário

**estufa**

**es·tu·fa**

sf

**1** Recinto fechado onde, por meios artificiais, se eleva a temperatura do ar.
**2** Espaço envidraçado ou fechado com material transparente para o cultivo de plantas e flores que necessitam de calor ou umidade especial.
**3** Pequeno espaço físico destinado à esterilização de instrumentos ou para a cultura de bactérias.
**4** Equipamento industrial destinado à secagem de algo, em geral tinta ou outras substâncias químicas.
**5** Fogão portátil, usado para aquecer ambientes, especialmente os cômodos de uma casa.
**6** Parte do fogão, geralmente na sua parte inferior, junto ao forno, usada para manter a comida aquecida.
**7** FIG Qualquer ambiente onde há excesso de calor.
**8** ANT Pequena carruagem de dois assentos, com vidraças; estufim.

**EXPRESSÕES**
**Estufa fria:** espaço físico envidraçado, com baixa temperatura, destinado a plantas de climas frios que não suportam temperaturas elevadas.
**Estufa seca:** espaço físico com temperatura elevada e atmosfera seca, destinado a secar substâncias e coisas.
**Estufa úmida:** espaço físico no qual a atmosfera é umedecida e aquecida com vapor de água, destinado a banho de vapor.

**ETIMOLOGIA**
der regr de **estufar**, como esp.

*Dicionário eletrônico Michaelis*. Disponível em: <http://michaelis.uol.com.br/busca?r=0&f=0&t=0&palavra=estufa>. Acesso em: 28 maio 2019.

## Estudo do texto

**1** No verbete de dicionário lido há mais de uma definição para a palavra "estufa". Quais delas você já conhecia?

**2** Quantas sílabas há na palavra "estufa"? Como você as identificou?

_____

_____

> É comum que, no verbete do dicionário, seja apresentada a separação em sílabas da palavra.

**3** Observe as fotografias a seguir. Todas elas mostram estufas. Escreva nas linhas abaixo a acepção do verbete a que se refere cada imagem.

_____
_____
_____
_____

_____
_____
_____
_____

_____
_____
_____
_____
_____

> O verbete de dicionário é um texto informativo que contém definições de uma palavra. Cada definição é chamada de **acepção** e, geralmente, é numerada.

**4** Os dicionários costumam fornecer uma lista com as abreviaturas usadas nos verbetes.

a) Leia o que significam algumas das abreviaturas do dicionário do qual foi retirado o verbete em estudo.

- **sf** substantivo feminino
- **fig** figurado
- **ant** antigo/antiquado

b) Circule, no verbete, todas as abreviaturas que você encontrar.

c) A qual classe gramatical pertence a palavra "estufa"? Essa palavra é feminina ou masculina?

_____

d) Em que parte do verbete a resposta à pergunta anterior pode ser encontrada?

_____

> Em geral, os verbetes de dicionário indicam a classe gramatical a que pertencem as palavras (substantivo, adjetivo, artigo, verbo, numeral, advérbio, preposição, conjunção, pronome) e o gênero dela (masculino ou feminino).

**5** No final das acepções, há a palavra "etimologia". Consulte um dicionário e escreva as definições para essa palavra.

_____

_____

_____

**6** Como é a linguagem do verbete?

_____

> A linguagem dos verbetes deve ser bem direta, clara, objetiva e fácil de ser entendida, sem deixar dúvidas sobre a explicação.

**7** Agora que você viu várias informações sobre o dicionário, responda: Para que as pessoas consultam dicionários?

_____

_____

## Estudo da língua

## Formação de palavras por composição

**1** Observe as imagens e leia as legendas.

▶ Foca-de-weddell.

▶ Foca-de-pelo.

▶ Foca-caranguejeira.

▶ Foca-leopardo.

a) O que os nomes dos animais têm em comum? Explique.

_____

_____

b) Leia os vocábulos que formam os nomes dos animais separados da palavra **foca**.

> weddell   pelo   caranguejeira   leopardo

c) Qual é a diferença entre esses vocábulos e as palavras que nomeiam os animais?

_____

_____

**d)** Para que foi usada uma segunda palavra na composição de uma nova palavra?

_____

_____

**e)** Como os vocábulos que formam o nome de cada animal foram unidos?

_____

_____

> O sinal usado para unir os vocábulos e formar novas palavras chama-se **hífen**. Ele também é usado para separar as palavras em sílabas.

**2** Escreva o nome das fotografias usando palavras dos quadros e hífen.

| guarda | couve |
| onça | macaco |

| flor | prego |
| pintada | chuva |

> Algumas palavras são formadas pela união de duas ou até de três palavras diferentes. Elas são chamadas de **substantivos compostos**.

79

# Texto 2 — Reportagem

1. Observe a imagem e os espaços em branco que há nela. Depois recorte as imagens da página 299 e cole-as nos contornos correspondentes.

Ilustração: Mario Bag

2. Você já visitou ou viu imagens de lugares cobertos de gelo?

3. Em sua opinião, de onde vem tanto gelo?

4. É possível que o gelo da Antártica derreta? Se isso acontecer, quais serão as consequências? A reportagem a seguir aborda essas questões.

# Será que todo o gelo da Antártica pode derreter?

A Antártica é um continente quase totalmente coberto de gelo. Por que é tão gelado? Por causa da posição que ocupa no globo terrestre (polo sul), lá chega menos calor do Sol do que em outras partes do planeta. Você já pensou no que aconteceria se todo esse gelo derretesse? Isso traria sérias consequências para o resto do mundo. Para ter uma ideia, o nível médio do mar aumentaria muito, cerca de sessenta metros! É o equivalente a um prédio de vinte andares. Mas será que isso pode mesmo acontecer?

Antes de nos preocuparmos, vamos primeiro entender como o gelo se acumula no continente Antártico...

Na região Antártica, o gelo se acumula sobre o continente como resultado de milhares de anos de neve caindo, empilhada sobre o solo. Normalmente, esta camada de gelo tem dois quilômetros de espessura, mas pode chegar a até quatro quilômetros em algumas regiões, formando enormes geleiras.

Esta grande camada de gelo tem uma característica interessante: ela se move muito devagar, como se fosse um rio que escorrega em câmera lenta em direção ao oceano. Quando ela chega na borda do continente e atinge o mar, começa a flutuar, mas não se quebra, continua fazendo parte da geleira. Esta parte flutuante, mas que ainda está presa ao gelo do continente, é chamada "plataforma de gelo".

Revista Ciência Hoje das Crianças

Há ainda outro tipo de gelo que também se forma na região Antártica como resultado do congelamento da água do mar, principalmente no inverno, constituindo uma camada flutuante de, aproximadamente, um metro de espessura e que, normalmente, é coberta por neve.

Esse outro tipo de gelo, chamado "gelo marinho", se move pelos oceanos arrastado pelas correntes marinhas e o vento, e acaba derretendo no verão, após se afastar do continente gelado. No inverno, ele pode chegar a uma área de 19 milhões de quilômetros quadrados, praticamente o dobro do território brasileiro. Já no verão, sua área diminui para três milhões de quilômetros quadrados, área um pouco menor que a região Norte do Brasil.

## Plataformas geladas

As plataformas de gelo na Antártica têm, aproximadamente, um quilômetro de espessura na parte que está conectada ao continente, e vão afinando até chegar a algumas centenas de metros de espessura na extremidade mais afastada do continente (a parte frontal). O gelo da parte inferior (a base da plataforma), em contato com a água do mar, que é mais quente do que ele, derrete. É assim que o gelo na Antártica é transferido do continente para o oceano: a neve acumulada no continente flui por meio dos "rios de gelo" que se movimentam aproximadamente um quilômetro por ano e, ao chegarem à margem do continente, formam as plataformas de gelo que se derretem por baixo e quebram formando os icebergs – blocos de gelo flutuantes que viajam pelos oceanos até derreterem. Portanto, é esta transferência de gelo continental para o oceano, através das plataformas de gelo, que pode aumentar o nível do mar.

E o que aconteceria se as plataformas de gelo começassem a diminuir? A camada de gelo do continente, que está presa nelas, começaria a fluir mais rapidamente em direção ao mar, isto é, mais gelo seria despejado aumentando o nível médio dos oceanos!

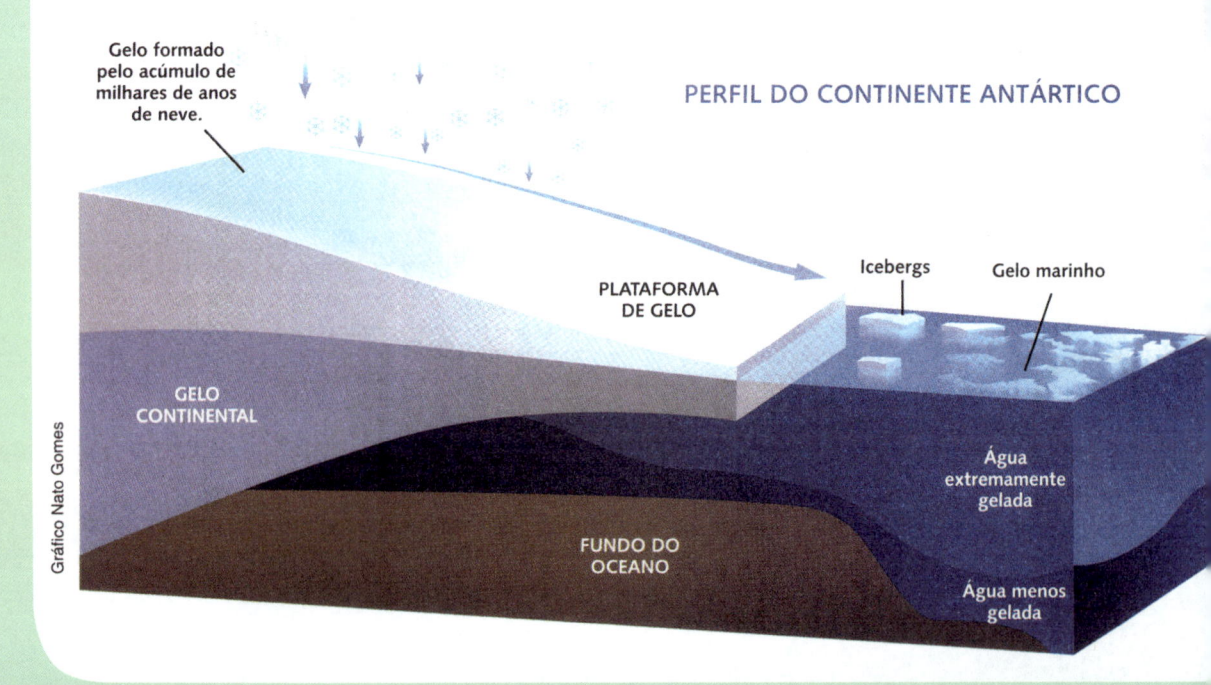

**PERFIL DO CONTINENTE ANTÁRTICO**

Gelo formado pelo acúmulo de milhares de anos de neve.

PLATAFORMA DE GELO

Icebergs   Gelo marinho

GELO CONTINENTAL

FUNDO DO OCEANO

Água extremamente gelada

Água menos gelada

Iceberg – bloco de gelo formado pela quebra da plataforma de gelo.

## Dados do derretimento

Um estudo recente, que utiliza medições por satélite, mostra que do ano de 1994 a 2003, em alguns lugares, as plataformas de gelo da Antártica aumentaram de tamanho; já em outros, elas diminuíram, ficando no total de forma equilibrada durante esse período.

Acontece que de 2003 em diante, uma diminuição crescente no volume do gelo destas regiões foi detectada e está sendo pesquisada. Como vimos, isso pode levar a um aumento no nível médio do mar, ao longo do tempo, e essa é a preocupação dos cientistas. O que pode estar causando isso: Aumento de temperatura no planeta? O buraco na camada de ozônio? Variação nas correntes oceânicas e na direção e velocidade dos ventos?

Pode ser que todos estes fatores, e ainda outros, contribuam para a diminuição das plataformas de gelo da Antártica e, consequentemente, no nível médio dos mares.

## Consequências da perda do gelo

O derretimento de somente dois por cento do gelo antártico é suficiente para aumentar o nível dos oceanos em um metro, bastaria para que regiões inteiras em todo o planeta tenham prejuízos enormes. Milhões de pessoas teriam que se mudar dos litorais. Além disso, portos – os locais onde os navios são carregados e descarregados de mercadorias – poderiam deixar de operar. Para prevenir problemas assim é que se observa e se busca compreender o que está acontecendo nas regiões polares.

### Menos gelo no mundo

A região do mar coberta por gelo na região Antártica (o gelo marinho no polo Sul) está aumentando gradativamente, ao contrário do que ocorre no oceano Ártico (que fica do outro lado do planeta, no polo Norte). Já a camada de gelo continental e as plataformas de gelo, tanto da Antártica (no polo Sul) como da Groenlândia (no polo Norte), estão perdendo massa. Assim como também se observa uma tendência de diminuição nas geleiras das montanhas ao redor de todo o planeta.

Mas será que o derretimento do gelo da Antártica só trará transtornos ou pode trazer alguma novidade? O que você acha disso? Pesquise e escreva para nós contando o que você descobriu.

**Fernando Serrano Paolo**, Scripps Institution of Oceanography, Universidade da Califórnia.
**Eder Cassola Molina**, Departamento de Geofísica, Instituto de Astronomia, Geofísica e Ciências Atmosféricas, Universidade de São Paulo.

Fernando Serrano Paolo e Eder Cassola Molina. Será que todo o gelo da Antártica pode derreter? *Ciência Hoje das Crianças*, nº 268, p. 2-5, jun. de 2015.

# Estudo do texto

**1** Marque a opção correta em relação à reportagem lida.

☐ A reportagem explica a degradação dos mares brasileiros.

☐ A reportagem explica como se formam as geleiras da Antártica e algumas consequências do derretimento desse gelo para o planeta.

☐ A reportagem explica como ficará a temperatura do planeta caso haja um derretimento das geleiras da Antártica.

**2** Quem são os autores da reportagem?

_____

_____

**3** Os autores da reportagem são:

☐ jornalistas que recorreram a especialistas no assunto.

☐ especialistas no assunto.

◆ Como você encontrou essa resposta?

_____

_____

**4** No último parágrafo da página 3 da reportagem, os autores fazem uma comparação.
a) Que comparação é essa?

_____

_____

b) Para que os autores fizeram essa comparação?

_____

_____

**5** Sublinhe, na reportagem, o trecho que expõe o que é "plataforma de gelo" e explique como ela se forma.

_____

_____

_____

**6** Circule, no texto, a linha fina da reportagem "Será que todo o gelo da Antártica pode derreter?".

> A **linha fina** traz informações complementares ao título do texto. Numa reportagem, a linha fina e o título são uma introdução ao assunto tratado no lide.

**7** Releia o trecho a seguir, que está no começo da página 4 da reportagem.

> Há ainda outro tipo de gelo que também se forma na região Antártica como resultado do congelamento da água do mar, principalmente no inverno, constituindo uma camada flutuante de, aproximadamente, um metro de espessura e que, normalmente, é coberta por neve.
> Esse outro tipo de gelo, chamado "gelo marinho", se move pelos oceanos [...].

a) Além da plataforma de gelo, que outro tipo de gelo se forma na região Antártica?

_____

b) Como esse tipo de gelo se forma?

_____

_____

c) Sublinhe, no trecho acima, as expressões que deixam clara a existência de um segundo tipo de gelo na região Antártica.

**8** Releia um trecho da linha fina e observe as palavras destacadas.

> [...] Por causa da posição que ocupa no globo terrestre (polo sul), **lá** chega menos calor do Sol do que em outras partes do planeta. **Você** já pensou no que aconteceria se todo esse gelo derretesse? [...]

a) A que e/ou quem se referem as palavras destacadas?

_____

b) Quem são os prováveis leitores dessa reportagem? Por quê?

_____

_____

**9** O corpo do texto da reportagem está organizado por:

☐ números.   ☐ intertítulos.   ☐ verbetes.

◆ Por que o corpo da reportagem foi organizado assim?

_____

_____

> Nos parágrafos do corpo do texto são desenvolvidos os detalhes da reportagem.

**10** No início da reportagem há uma grande ilustração com pinguins. Reveja-a.

a) Na imagem, o que o grupo de pinguins está fazendo?

_____

_____

b) Os pinguins estão segurando alguns objetos. Quais?

_____

_____

c) Considerando o que você respondeu nos itens anteriores, essa ilustração tem relação com o texto da reportagem? Explique.

_____

_____

_____

**11** Em notícias e reportagens, o uso de fotografias é muito comum. Veja a fotografia que está na página 5 da reportagem e faça o que se pede.

a) Circule o nome do que a fotografia mostra.

b) Sublinhe a explicação do que está representado.

c) Qual é a função da fotografia e da legenda que a acompanha?

_____

_____

**12** Complete as frases que resumem as informações do quadro "Menos gelo no mundo", da página 5 da reportagem.

a) No Polo _____, o gelo marinho está aumentando.

b) No Polo Norte, o gelo marinho está _____.

c) No Polo Sul e no Polo Norte, as camadas de gelo continental e as _____ de gelo estão _____ massa.

d) Em todo o planeta, as geleiras das _____ estão diminuindo.

**13** Observe novamente a parte inferior da página 4 da reportagem. Nela, há um recurso que é composto de:

☐ imagem e texto.   ☐ somente imagens.   ☐ somente textos.

**14** O nome desse recurso composto de imagens e textos é **infográfico**. Sobre ele, responda às perguntas a seguir.

a) Qual é a função do infográfico?

_____

_____

**b)** O que esse infográfico mostra?

_____

_____

_____

**c)** Qual é o título do infográfico? Por que ele recebeu um título?

_____

_____

**d)** Veja estes desenhos do infográfico. O que eles representam?

Gelo formado pelo acúmulo de milhares de anos de neve.

PLATAFORMA DE GELO

Icebergs

Revista Ciência Hoje das Crianças

_____

_____

> Os **infográficos** são recursos que combinam textos curtos, dados numéricos e elementos visuais, como diagramas, gráficos, fotografias, ilustrações, símbolos, entre outros.
>
> O objetivo dos infográficos é transmitir informações de forma visual, para que sejam compreendidas mais fácil e rapidamente pelos leitores.

**15** Na última página da reportagem, os autores fazem uma pergunta.

   **a)** Em dupla, pesquise o assunto.

   **b)** Em uma folha de papel avulsa, elaborem juntos uma resposta à pergunta da reportagem.

   **c)** O professor marcará uma data para que cada dupla apresente sua resposta.

# Estudo da escrita

## Terminações –ice e –isse

**1** Leia os títulos de duas reportagens.

**Título 1**

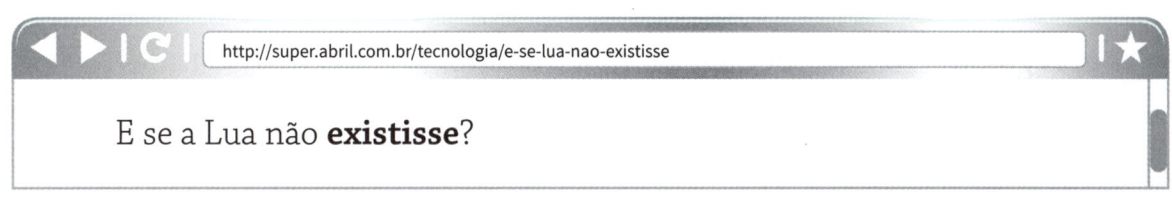

http://super.abril.com.br/tecnologia/e-se-lua-nao-existisse

E se a Lua não **existisse**?

Denis Russo Burgierman. E se a Lua não existisse? *Superinteressante*, 26 dez. 2016.
Disponível em: <http://super.abril.com.br/tecnologia/e-se-lua-nao-existisse>. Acesso em: 21 maio 2019.

**Título 2**

http://sao-paulo.estadao.com.br/noticias/geral,vovos-modernos-reinventam-a-velhice,70001904849

Vovós modernos reinventam a **velhice**

Juliana Diógenes. Vovós modernos reinventam a velhice. *O Estado de S. Paulo*, 26 jul. 2017. Disponível em: <http://sao-paulo.estadao.com.br/noticias/geral,vovos-modernos-reinventam-a-velhice,70001904849>. Acesso em: 21 maio 2019.

a) O que você acha que aconteceria se a Lua não existisse?

_____

_____

b) Em sua opinião, qual é o assunto da reportagem do título 2?

_____

_____

c) Escreva as duas palavras destacadas nos títulos.

_____    _____

d) Agora pronuncie as duas palavras em voz alta e sublinhe as partes que têm o mesmo som.

e) A que classe gramatical pertencem as palavras destacadas nos títulos?

◆ "Existisse": _____.   ◆ "Velhice": _____.

**2** Complete as palavras com **-isse** ou **-ice**.

a) Pediu a ela que dorm_____ cedo.

b) Léo divertiu-se com a peralt_____ dela.

c) Jorge pediu a ela que sorr_____ ao ser fotografada.

d) Se part_____ cedo, pegaria o trem a tempo.

e) A gulod_____ pode fazer mal à saúde.

f) É tol_____ aborrecer-se por isso.

**3** Organize as palavras da atividade anterior no quadro.

| Verbo | Substantivo |
|---|---|
|  |  |
|  |  |
|  |  |

Agora complete as frases.

- A terminação **-isse** é empregada em _____.

- A terminação **-ice** é empregada em _____.

**4** De que palavras derivam os substantivos da atividade 3? Para responder, faça como no exemplo.

- caretice ⟶ careta

a) peraltice ⟶ _____

b) gulodice ⟶ _____

c) tolice ⟶ _____

**5** Reescreva as frases a seguir passando os verbos destacados para o infinitivo. Faça os ajustes necessários. Veja o exemplo.

- Se **dirigisse** com cautela, seria mais seguro.
- Se dirigir com cautela, será mais seguro.

a) Se **dormisse** cedo, acordaria mais animado.

_____

b) Se **partisse** cedo, pegaria o trem a tempo.

_____

**6** Complete as frases com as palavras indicadas entre parênteses. Use as terminações **-ice** ou **-isse**.

a) Talvez você me _____, mas, com tanta _____, é impossível. (ouvir – tagarela)

b) Se você _____ ao filme inteiro, não o acharia uma _____! (assistir – chato)

c) Se ela _____ de ir, seria uma _____. (desistir – maluco)

**7** Encontre, no diagrama, três palavras com **-isse** e três com **-ice**.

| M | C | A | D | U | Q | U | I | C | E | G | D |
|---|---|---|---|---|---|---|---|---|---|---|---|
| E | W | N | Y | P | D | L | B | K | P | Ç | O |
| S | V | Z | A | B | R | I | S | S | E | V | I |
| M | J | R | T | K | W | M | Q | H | D | M | D |
| I | M | P | R | I | M | I | S | S | E | G | I |
| C | Z | X | H | Z | L | G | R | T | J | N | C |
| E | B | C | O | R | R | I | G | I | S | S | E |

### Aí vem história

Você já imaginou receber de presente... um pinguim? É o que acontece com um pintor de paredes que sonha ser explorador na Antártica! Conheça um pouco dessa história na página 245.

# Como eu vejo

## Efeito estufa

**O que é o efeito estufa?**
É um fenômeno natural que mantém na superfície terrestre a quantidade de calor adequada para que haja vida. Graças a ele, a temperatura média na Terra é de aproximadamente 15 °C. Sem essa regulação, o planeta seria muito frio. O nome desse fenômeno vem da comparação desse efeito com o que acontece em **estufas de vidro**, usadas para cultivar plantas.

A estufa de vidro retém parte do calor que recebe do Sol, possibilitando o cultivo das plantas.

**Energia solar (calor)**

**Energia que volta ao espaço**

Assim como ocorre na estufa de vidro, os raios solares que atravessam a atmosfera aquecem o planeta.

Depois, parte dessa radiação é refletida pela superfície da Terra e volta para o espaço.

**Energia solar que atinge a superfície da Terra**

**Atmosfera**

**Calor que fica retido na Terra**

Outra parte dos raios solares é retida por gases atmosféricos e não volta ao espaço, mantendo o planeta aquecido.

O aumento da poluição do ar, causado por veículos, queimadas e indústrias, faz com que também aumente a emissão de gás carbônico para a atmosfera. Esse gás, junto com outros, é um dos responsáveis pela intensificação do efeito estufa, uma das causas do aquecimento global, cujas consequências são danosas ao ambiente.

## O que pode ser feito para ajudar a impedir o agravamento do aquecimento global?

Recorte os elementos da página 299, cole-os nos espaços abaixo e descubra atitudes que você pode adotar no dia a dia para minimizar o aquecimento global e incentivar outras pessoas a fazer o mesmo.

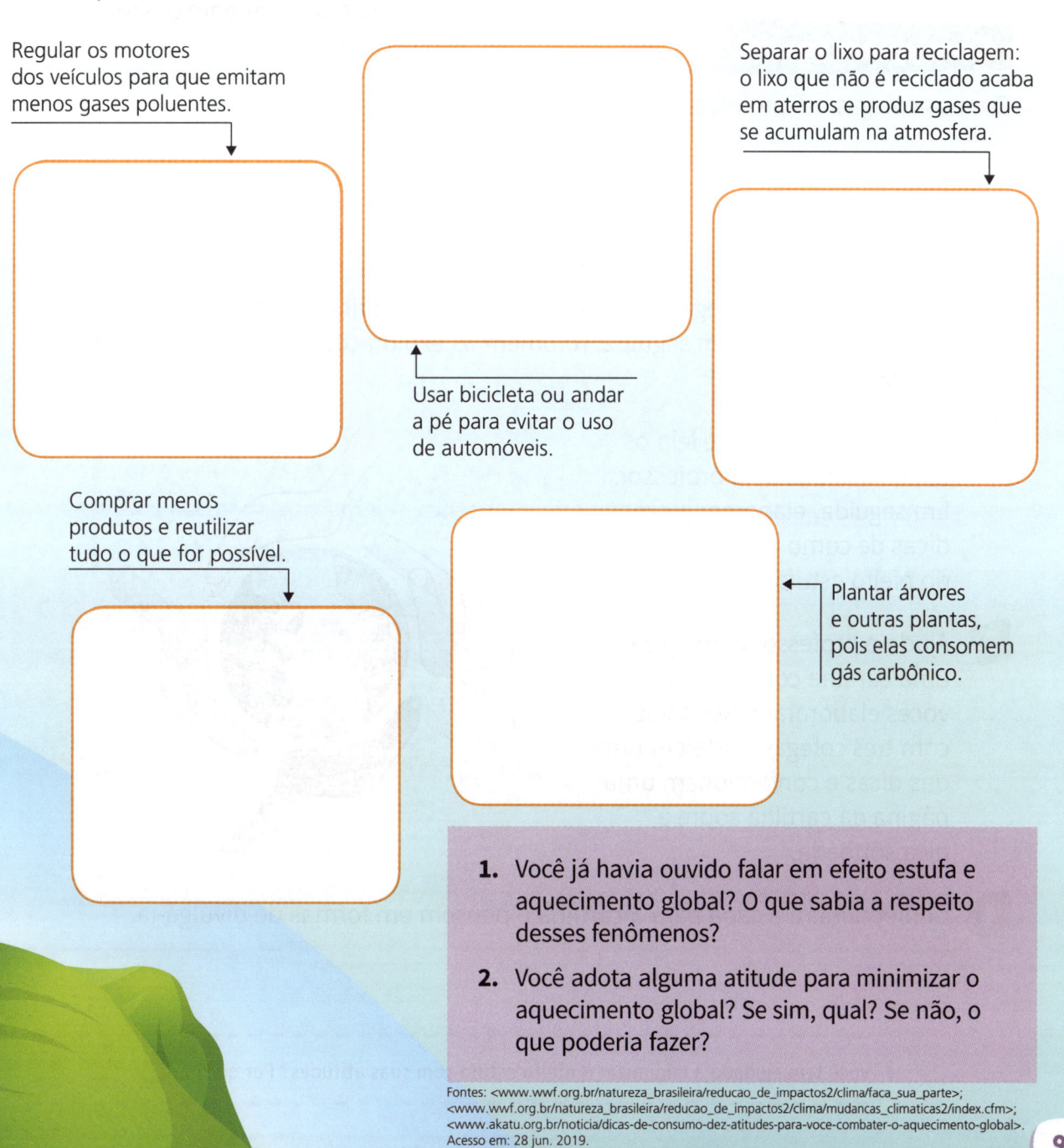

Regular os motores dos veículos para que emitam menos gases poluentes.

Separar o lixo para reciclagem: o lixo que não é reciclado acaba em aterros e produz gases que se acumulam na atmosfera.

Usar bicicleta ou andar a pé para evitar o uso de automóveis.

Comprar menos produtos e reutilizar tudo o que for possível.

Plantar árvores e outras plantas, pois elas consomem gás carbônico.

1. Você já havia ouvido falar em efeito estufa e aquecimento global? O que sabia a respeito desses fenômenos?

2. Você adota alguma atitude para minimizar o aquecimento global? Se sim, qual? Se não, o que poderia fazer?

Fontes: <www.wwf.org.br/natureza_brasileira/reducao_de_impactos2/clima/faca_sua_parte>; <www.wwf.org.br/natureza_brasileira/reducao_de_impactos2/clima/mudancas_climaticas2/index.cfm>; <www.akatu.org.br/noticia/dicas-de-consumo-dez-atitudes-para-voce-combater-o-aquecimento-global>. Acesso em: 28 jun. 2019.

# Como eu transformo

## Saber para prevenir

Arte  Geografia

### O que fazer?
Criar uma cartilha com dicas de como evitar o aumento do efeito estufa.

### Para que fazer?
Para informar as pessoas sobre as consequências da intensificação do efeito estufa e apresentar dicas que evitem o aumento desse problema.

### Com quem fazer?
Com os colegas e o professor.

### Como fazer?

1. Converse com os colegas e o professor para descobrir como funciona uma estufa e a que se destina. Em seguida, retomem as explorações feitas na seção **Como eu vejo**.

2. Observe as gravuras e leia os textos trazidos pelo professor. Em seguida, elaborem juntos dicas de como evitar o aumento do efeito estufa.

3. Ajude o professor a organizar uma cartilha com as dicas que vocês elaboraram. Reúna-se com três colegas, sorteiem uma das dicas e confeccionem uma página da cartilha sobre a dica sorteada.

4. Confeccionem a capa para a cartilha e pensem em formas de divulgá-la.

robodread/Shutterstock.com

Você tem ajudado a minimizar o efeito estufa com suas atitudes? Por quê?

94

## Produção de texto

## Reportagem digital

A proposta desta seção é que você elabore o roteiro para a produção de uma reportagem digital sobre um assunto de seu interesse. No final, a reportagem poderá ser publicada pelo professor em um *blog* ou *site*.

Siga as orientações.

### Preparação

1. Forme um grupo com alguns colegas.
2. Combinem com o professor um prazo para pesquisar reportagens digitais sobre assuntos do interesse de vocês. Algumas publicações em que vocês podem pesquisar:
   - jornaldeboasnoticias.com.br
   - www1.folha.uol.com.br/folhinha/
   - jornaljoca.com.br/
3. Após o prazo determinado, reúnam todo o material que conseguiram e conversem sobre as reportagens.
   - Que matérias vocês acharam mais interessantes e por quê?
   - Onde essas reportagens foram publicadas e como eram organizadas?
   - A que público elas se dirigiam?
   - Como era a linguagem delas?
   - Que recursos digitais utilizavam? *Hiperlinks*, vídeos, áudios?

### Pauta e pesquisa

1. Escolham o assunto da reportagem. Abaixo vocês encontram algumas sugestões, mas podem optar por falar de questões locais, mais relacionadas com a escola ou com a cidade.
   - Efeitos do aquecimento global em nosso país.
   - Desmatamento.
   - Crianças ativistas: gente que quer mudar o mundo.
   - Ser criança no mundo de hoje.
   - Crianças e tecnologia.
   - Uso da tecnologia na escola.
   - As crianças e o futuro.

95

2. Pesquisem o assunto escolhido em *sites* especializados e anotem os dados mais importantes.

    ◆ Coletem também imagens (fotografias, gráficos, mapas, ilustrações) e escolham áudios e vídeos que possam ser usados na reportagem digital de vocês.

    ◆ Ao anotar as informações, prestem atenção na grafia dos nomes próprios (nomes de pessoas e lugares, por exemplo) e registrem com exatidão os dados numéricos (datas, valores, distâncias etc.).

### Entrevista

1. Releiam o material pesquisado e definam se há necessidade de fazer entrevistas para conseguir mais informações.

2. Se decidirem fazer as entrevistas, peçam a ajuda do professor para escolher os entrevistados. Podem ser funcionários da prefeitura ou da escola, pessoas do bairro, profissionais conhecidos de vocês que tenham algum envolvimento com o tema da reportagem etc.

3. Entrem em contato com essas pessoas e perguntem se elas podem colaborar com uma atividade escolar e responder a algumas perguntas. Em caso positivo, marquem uma conversa na própria escola ou enviem as perguntas por *e-mail*.

4. As entrevistas feitas pessoalmente devem ser registradas por meio audiovisual (usando o celular ou uma câmera) ou por escrito, para que, na hora de redigir a reportagem, vocês se lembrem das falas dos entrevistados.

    ◆ Atenção: para fotografar, gravar ou filmar um entrevistado, é preciso pedir a autorização dele.

5. Qualquer que seja o formato das entrevistas (orais ou escritas), vocês devem preparar com antecedência um roteiro de perguntas. Porém, estejam abertos a acrescentar novas perguntas, conforme o rumo que a conversa com o entrevistado tomar.

6. Durante a entrevista, quem for fazer as perguntas deve falar com calma, pronunciando bem as palavras e usando um tom de voz audível. Caso vocês não entendam alguma resposta, peçam ao entrevistado que a esclareça.

7. No final das entrevistas, agradeçam ao entrevistado a participação dele na atividade.

### Elaboração

1. Façam uma lista com as principais informações obtidas.
2. Com base nesse levantamento, iniciem a escrita da reportagem.
   - Elaborem o **título** e a **linha fina**. O título deve deixar claro para o leitor o assunto da reportagem e atrair a atenção dele, mas precisa ser curto. Na linha fina, acrescentem algumas informações essenciais para o leitor ter ideia do assunto da matéria logo no início do texto.
   - No **primeiro parágrafo**, apresentem o assunto da reportagem, ainda sem detalhamento.
   
     Os detalhes vão ser dados ao longo dos parágrafos, no **corpo do texto**. Informem, então, tudo o que vocês pesquisaram em fontes escritas e o que descobriram por meio das entrevistas. Lembrem-se de que a reprodução das falas deve vir entre aspas.
   - Para organizar o texto e ajudar o leitor a compreendê-lo, criem intertítulos separando os blocos de conteúdo.
3. Com o texto pronto, escolham os vídeos, os áudios e as imagens que serão usados na reportagem e anotem, junto ao texto da reportagem, o endereço eletrônico em que podem ser encontrados.
4. Criem legenda para as imagens, ainda que elas não estejam inseridas no texto.
5. Planejem a organização dos conteúdos da reportagem no espaço da tela e deixem orientado por escrito, para quem for publicá-la, qual vai ser a disposição do texto e em que lugares devem entrar as imagens, as legendas, os vídeos e os áudios.
   - Lembrem-se de que as reportagens digitais têm espaço para comentários dos usuários.
   - Definam as palavras que serão marcadas como *hiperlinks* e anotem os *sites* que serão o destino desses *hiperlinks*.

### Revisão e publicação

1. Releiam o roteiro e verifiquem se:
   - no texto da reportagem há título, linha fina, lide, corpo do texto, intertítulos;
   - os trechos das entrevistas e falas dos entrevistados foram escritos entre aspas;
   - as palavras estão escritas corretamente e os sinais de pontuação ajudam a produzir o sentido do texto;
   - há orientações claras para quem for publicar a reportagem em ambiente digital: qual é a disposição dos elementos no espaço da tela; que vídeos, áudios e imagens vão ser inseridos; que palavras serão *hiperlinks*; como vai ser o espaço para comentários de usuários.
2. Reescrevam o que for necessário e entreguem o texto ao professor. Ele poderá escolher uma reportagem da turma para ser publicada no *blog* ou *site* da escola.

## #Digital

### Dicionário virtual

Como você sabe, os dicionários podem ser físicos ou virtuais. Dicionários físicos são livros que podem ter muitas páginas, com palavras organizadas em ordem alfabética. Essa ordem é importante para que seja mais fácil encontrar as palavras.

Sabemos, por exemplo, que a palavra **animal** está mais próxima do início do dicionário do que a palavra **zebra**, que está perto do final.

Você também viu que a mesma palavra pode ter vários sentidos. Tudo depende do contexto em que ela foi usada.

1. Leia o texto a seguir. É possível que nele haja algumas palavras que você não conheça.

http://chc.cienciahoje.uol.com.br/por-que-as-zebras-sao-listradas

### Por que as zebras são listradas?

**Após muito estudo, cientistas deduzem que as listras protegem as zebras do ataque de insetos**

[...]

As zebras são encontradas nas savanas africanas e estão expostas a picadas de mosquitos e outros bichinhos desagradáveis. Um deles é a mutuca, uma mosca que se alimenta de sangue e que costuma picar cavalos e zebras. "Além de transmitir doenças, a mutuca tem uma picada muito dolorosa e incômoda, prejudicando a pastagem dos animais", conta Susanne Åkesson, bióloga da Universidade de Lund, na Suécia, que liderou o estudo.

Cientistas observaram que cavalos de cores escuras eram muito mais atacados por mutucas do que os cavalos de cores mais claras. Eles se perguntaram, então, o que aconteceria nas zebras, e foram investigar.

[...]

▶ Por que as zebras são listradas? A resposta é um mistério, mas pesquisadores estão atrás de pistas!

Mogens Trolle/Shutterstock.com

Isso acontece porque a mutuca tem mais facilidade para enxergar os cavalos de cores escuras, sendo mais atraída por eles. Já as listras em preto e branco confundiriam a mosca, fazendo com que ela enxergasse muito mal as zebras. A teoria valeria também para outros insetos.

Ainda é preciso repetir o experimento em zebras de verdade e testar a influência de outras características, como o cheiro desses animais. "No entanto, afastar as moscas não parece ser o único papel das listras", explica Susanne. "Acreditamos que elas tenham várias outras vantagens que ainda não foram comprovadas".

▶ A picada da mutuca é dolorosa e incômoda.

Paula Padilha. *Ciência Hoje das Crianças*, 27 fev. 2012. Disponível em: <http://chc.cienciahoje.uol.com.br/por-que-as-zebras-sao-listradas>. Acesso em: 28 maio 2019.

**a)** Organize em ordem alfabética as palavras do texto que estão copiadas a seguir.

> savana   pastagem   investigar   teoria   influência   afastar

1. _____   3. _____   5. _____

2. _____   4. _____   6. _____

**b)** Escolha duas dessas palavras. Em seguida, procure o significado delas no dicionário virtual indicado pelo professor. Digite a palavra na barra de busca. Releia-a para verificar se escreveu corretamente. Aperte a tecla *Enter*.

**c)** Leia o significado da palavra e veja se você entendeu o que ela quer dizer. Se na definição houver termos que você não conhece, procure também esses termos no dicionário.

**d)** Escreva uma definição para cada palavra. Não copie o significado dado no dicionário. Você deve explicar o significado usando suas próprias palavras. Veja como um aluno definiu a palavra **desagradável**.

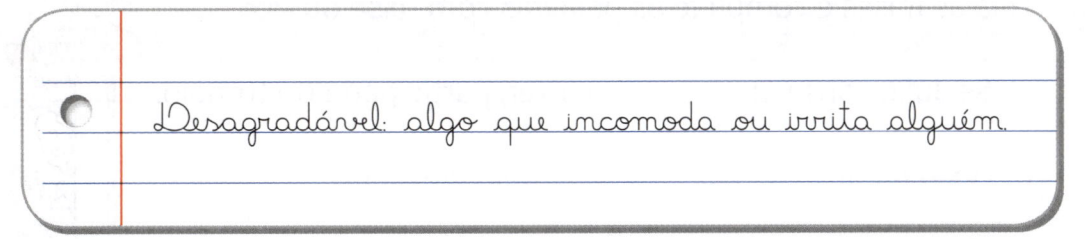

> Desagradável: algo que incomoda ou irrita alguém.

## Revendo o que aprendi

**1** Complete as frases a seguir com informações sobre o verbete de dicionário.

> Os verbetes de dicionário são muito úteis quando se deseja conferir a maneira _____ de escrever as _____. Além disso, neles é possível saber a _____ à qual a palavra pertence.

**2** Sobre a linguagem usada em um verbete de dicionário, é correto afirmar que:

☐ é bem técnica e difícil de entender.

☐ é objetiva, mas usa palavras muito complicadas.

☐ é direta e objetiva para evitar dificuldade de compreensão.

**3** Complete cada frase com o verbo indicado entre parênteses, conjugando-o.

a) Se Sofia _____, estragaria a surpresa. (rir)

b) Se o leão _____, seria assustador. (rugir)

c) Gostaria que Elton _____ o elogio que recebeu. (ouvir)

d) Não imaginei que _____ tanto frio. (sentir)

**4** As palavras que você usou para completar as frases acima são:

☐ verbos.   ☐ substantivos.   ☐ adjetivos.

**5** Leia as frases e complete as palavras com **-isse** ou **-ice**.

a) Se Júlio consegu_____ correr, participaria do torneio.

b) Gostaria que ele sub_____ pelo elevador.

c) A meigu_____ de Lucas é cativante.

**d)** Pensei que você sent_____ cócegas.

**e)** Certas atitudes são consideradas crianc_____.

**6** Organize as palavras da atividade anterior no quadro.

| Verbo | Substantivo |
|---|---|
|  |  |
|  |  |
|  |  |

**7** Reescreva a frase a seguir colocando o verbo destacado no infinitivo e fazendo os ajustes necessários.

◆ Se você **risse** mais, ficaria mais engraçado.

_____

**8** Como é geralmente a linguagem usada em uma reportagem?

☐ Mais formal.

☐ Mais informal.

**9** Qual é o nome da parte em que devem constar as principais informações da reportagem e em que lugar do texto ela fica?

_____

_____

**10** De que são compostos os infográficos de uma reportagem e qual é a função deles?

_____

_____

_____

**11** Imagine que você fará uma reportagem sobre a prevenção da gripe. Onde você buscaria informações?

☐ Em qualquer *site* da internet, em entrevistas com jornalistas, em farmácias e drogarias.

☐ Na internet, em *sites* confiáveis, em enciclopédias, em entrevistas com especialistas em saúde.

☐ Em *sites* da internet, em entrevistas com pessoas na rua, em revistas de curiosidades.

**12** Marque a alternativa em que todas as palavras são formadas pelo processo de composição:

☐ aranha-do-mar, tucano-de-peito-amarelo, jacaré-de-papo-amarelo.

☐ andorinha, mico-leão-dourado, cavalo.

☐ aranha-do-mar, passarinho, cachorro.

**13** Que recurso foi usado para juntar as palavras e formar uma nova?

_____

**14** Escreva no diagrama o nome de cada imagem. Algumas letras já foram colocadas. Dica: são cinco palavras formadas por composição.

## Para ir mais longe

### Livros

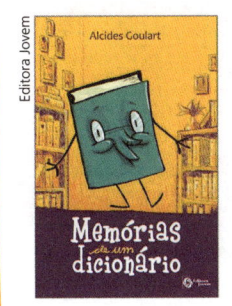

▶ **Memórias de um dicionário**, de Alcides Goulart. Rio de Janeiro: Jovem, 2015.

Um dicionário vive na estante do quarto de um garoto, que não se interessa em usá-lo. Para afastar o desgosto de não ser útil, o dicionário brinca e é ajudado por outros livros.

▶ **Pequeno dicionário de palavras ao vento**, de Adriana Falcão. São Paulo: Salamandra, 2011.

Acepções diferentes para verbetes um pouco difíceis de determinar. A autora se baseou em suas experiências para repensar definições de palavras que usamos frequentemente e nem sempre são fáceis de explicar.

### Site

▶ **Michaelis:** <http://michaelis.uol.com.br>. Acesso em: 17 jun. 2019.

Acesse a versão *on-line* do dicionário *Michaelis*, com mais de 160 mil verbetes. Além de pesquisar palavras da língua portuguesa, é possível consultar dicionários de idiomas como inglês, espanhol, alemão, italiano e francês.

### Filme

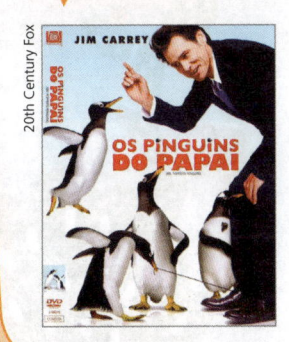

▶ **Os pinguins do papai**. Direção de Mark Waters. Estados Unidos: Fox, 2011, 94 min.

Inspirado no livro *Os pinguins do Sr. Popper*, o filme mostra como a vida de um empresário se transforma quando recebe, em seu apartamento, seis pinguins que o pai deixou a ele como herança.

# UNIDADE 5
## Cordões de poesia e história

- Que lugar é este? Você conhece esta paisagem ou alguma parecida com ela?
- O que as pessoas estão fazendo?
- Você já viu cenas parecidas com esta? Onde?

# Brincadeira com rima

Que tal brincar de rimar? O professor organizará a turma em grupos e os integrantes desafiarão os colegas a fazer rimas!

1. Um aluno começa a brincadeira falando, por exemplo: "Tirei uma palavra que rima com cajá. Qual é?".
2. Outro aluno de seu grupo tentará adivinhar. Se ele acertar, ganha a vez de desafiar outro colega a adivinhar a próxima palavra. Se errar, o aluno que começou tem o direito de sortear outro papel e prosseguir com a brincadeira.
3. Vence quem conseguir adivinhar mais palavras.
4. Depois, os vencedores de cada grupo irão desafiar uns aos outros.

1 O que você achou da brincadeira de fazer rimas? Foi fácil ou difícil?

2 Você lerá, a seguir, uma história narrada em um poema de cordel. O título é "O jabuti e o caipora". Do que será que trata o poema?

## Texto 1 — Poema de cordel

**O jabuti e o caipora**

Uma fábula engraçada,
Com cordel eu vou contar;
Vai falar de um jabuti
Que aprontava sem parar,
E os seres da floresta
Só queriam se vingar.

É porque o jabuti,
Ninguém mesmo perdoava,
Se um homem aparecesse,
Dava um jeito e o enganava;
De raposa até gigante,
Nada dele escapava.

Certo dia, o jabuti
Numa árvore encostou,
Pegou sua flauta doce,
Delicado ele tocou,
Quando veio o caipora
Porque o som dela escutou.

Quando viu o jabuti,
Começou a lhe falar:
– Vamos ver quem é mais forte,
Com você, quero apostar!
– Isso mesmo, caipora,
Mas é claro, eu vou ganhar.

O caipora foi ao mato,
Um cipó ele cortou,
Segurou uma ponta e a outra
Para o jabuti entregou,
Disse: – Você vai pra água,
Pra floresta agora eu vou.

Claro que o jabuti
Conhecia a força alheia,
Mas pensou: – Na esperteza,
Ninguém mesmo me aperreia,
Eu amarro o meu cipó
Bem no rabo da baleia.

O caipora sem saber,
O cipó forte puxou,
A baleia irritada
Para o fundo ela nadou,
Deu um tranco no caipora
Que pro mar logo voou.

Assustado o caipora
Disse: – Pare, por favor!
Jabuti, eu já desisto,
Você é o vencedor,
Nunca mais quero saber
De apostar com o senhor.

E assim o caipora
Foi e nunca mais voltou;
Depois disso, o jabuti
O cipó já desatou,
Retornou pra sua árvore,
E sua flauta dedilhou.

Suas notas eram calmas
E tão doce a melodia,
Esta história aqui termina;
Venceu a sabedoria,
Viva o esperto jabuti,
Adeus, até outro dia.

César Obeid. *Cordelendas: histórias indígenas em cordel*. São Paulo: Editora do Brasil, 2014. p. 34-37.

## Estudo do texto

**1** O que você pensou antes de ler o texto se confirmou ou não?

**2** No início da história, o narrador afirma que os seres da floresta queriam se vingar do jabuti. Por que eles queriam isso?

_____

**3** Na primeira estrofe, o poeta diz como contará a história. De que forma será?

_____

**4** O tema desse poema de cordel é:

☐ um desafio entre um animal e um ser do folclore nacional.

☐ uma história sobre o surgimento do jabuti e do caipora.

☐ a história de um ser que protege a floresta e ataca um jabuti.

> Os **temas** dos poemas de cordel são variados: narrativas de amor, de humor, de ficção etc. Há também poemas de cordel que narram lendas, fábulas, a vida no sertão nordestino, entre outros assuntos.

**5** O poema de cordel está estruturado em versos e estrofes. Pensando nisso, responda:

a) Quantas estrofes ele tem? _____

b) Quantos versos há em cada estrofe? _____

**6** Volte ao poema de cordel e circule em cada estrofe as palavras que rimam. Quais versos rimam entre si?

_____

_____

> O número de estrofes e versos e os esquemas de rimas nos poemas de cordel variam. Contudo, há um conjunto de regras que os cordelistas – os autores de cordel – devem seguir.

> Os poemas de cordel com estrofes de seis versos são chamados de **sextilhas**.
>
> A sextilha com rimas no 2º, 4º e 6º versos é muito usada nos poemas de cordel, mas há outros esquemas de rimas.

**7** Leia a explicação de um verbete de dicionário para a expressão "de cordel".

---
**cordel**

**De cordel**
**1 Liter.** Que é da literatura popular, e impresso em folhetos baratos; que é próprio do gênero literário conhecido como *literatura de cordel*.

---

*Aulete Digital*. Disponível em: <www.aulete.com.br/cordel>. Acesso em: 29 maio 2019.

a) Consulte no dicionário os verbetes "literatura" e "popular". Explique, com suas palavras, o sentido desses vocábulos.

_____
_____

b) Agora, explique, com suas palavras, o que significa "literatura popular".

_____
_____
_____

**8** Observe as fotografias e responda às perguntas.

▶ Folhetos de literatura de cordel à venda na Feira de São Cristóvão, na cidade do Rio de Janeiro (estado do Rio de Janeiro), em 2014.

▶ Reprodução de capas de folhetos de cordel.

a) Como os folhetos estão expostos na fotografia da Feira de São Cristóvão?

b) Por que o cordel recebeu esse nome?

c) Como são as capas dos folhetos de cordel? E os papéis?

**9** Outra importante manifestação cultural popular que utiliza rimas é o *rap*. Leia a primeira estrofe do *rap Lado bom*, do *rapper* Férrez, depois siga as orientações do professor.

[...]
Sua paz é você que define
Longe do álcool, longe do crime
A escola é o caminho do sucesso
Pro pobre honrar desde o começo
[...]

Férrez. Lado bom. *Nova Escola*, 1º abr. 2007. Disponível em: <https://novaescola.org.br/conteudo/3192/lado-bom>. Acesso em: 29 maio 2019.

**10** Inspire-se nas obras dos cordelistas e dos *rappers* e crie um pequeno poema sobre um tema de seu cotidiano.

_____
_____
_____
_____
_____
_____
_____

**Aí vem história**

Na página 247 você lerá um trecho do poema de cordel que está no livro *No Reino do Vai Não Vem: uma viagem ao mundo do cordel*, de Fábio Sombra.

# Estudo da língua

## Variedades linguísticas

**1** Leia um trecho de um poema de cordel escrito por Zé da Luz.

**Brasí Cabôco**

O qui é Brasí Cabôco?
É um Brasí diferente
Do Brasí das capitá.
É um Brasí brasilêro,
Sem mistura de istrangêro,
Um Brasí nacioná!

É o Brasí qui não veste
Liforme de gazimira,
camisa de peito duro,
Cum butuadura de ouro...
Brasí Cabôco só veste,
Camisa grossa de lista,
Carça de brim da "Polista"
Gibão e chapéu de couro!

[...]

Zé da Luz. *Brasil caboclo e O sertão em carne e osso.*
5. ed. e 3. ed. João Pessoa: Acauã, 1979. p. 17.

a) O que é "cabôco"?
b) Qual é o assunto do trecho lido?
c) Que diferenças entre o Brasil caboclo e o Brasil das capitais o cordelista aponta nesse trecho?
d) Algumas palavras foram escritas de forma diferente daquela que vemos em dicionários e livros. Por quê?

> O Brasil é um país grande e diverso. Tem como língua oficial o português, que, como toda língua, apresenta variações, que chamamos de **variedades linguísticas**.
>
> As características dos falantes — onde nasceram e moram, idade, profissão, escolaridade, entre outras — e o contexto de comunicação — se exige uma linguagem mais formal ou informal — influenciam no modo de falar e escrever a língua.

**2** Leia a tirinha da Turma do Xaxado, do cartunista Antonio Cedraz. Os personagens são Zé Pequeno, de camisa verde, Xaxado, de camisa vermelha, o porco e a galinha.

> CUENTO,... HORTELÃ... SALSA... CEBOLINHA...

> SE NÃO FOR BANHO DE FOLHA, É MELHOR A GENTE DAR NO PÉ!

Antonio Cedraz.

a) No primeiro balão de fala, Zé Pequeno diz uma lista. O que há nela?

____

b) No mesmo balão, há uma palavra que não está escrita como aparece nos dicionários. Que palavra é? Por que ela foi escrita assim?

____

c) Qual foi a conclusão do porco? Como você descobriu?

____

d) O que significa a expressão "dar no pé", no segundo quadrinho?

____

> Há palavras e expressões que fazem parte da linguagem de determinados grupos. Elas são chamadas **gírias**. A expressão "dar no pé" é uma gíria.
>
> Na linguagem informal, é comum o uso de gírias. Contudo, se estiverem fora de seu **contexto de uso**, as gírias podem ser inadequadas.

## Um pouco mais sobre

### Poema visual e ciberpoema

Você viu que o ritmo e a musicalidade são essenciais nos poemas de cordel. Por isso é comum ver esse tipo de poema cantado por repentistas.

Mas há poemas em que a linguagem visual ganha destaque. A forma do poema, o espaço que ele ocupa na página ou na tela, os desenhos que pode formar, tudo isso se junta às palavras para criar sentidos. Poemas assim são chamados de **poemas visuais**.

Veja, a seguir, um poema visual. Ele se chama "Chá" e foi escrito por Ana Cláudia Gruszynski e Sérgio Capparelli.

Ana Cláudia Gruszynski e Sérgio Capparelli. *Ciber & Poemas*. Disponível em: <www.ciberpoesia.com.br>. Acesso em: 16 abr. 2019.

Os autores de "Chá" também criaram uma versão desse poema para ser apreciada em ambiente virtual e que conta com mais recursos, além das palavras e das formas. A versão virtual utiliza efeitos sonoros e animação, que criam movimentos e a possibilidade de interação do leitor. É um **ciberpoema**.

Quem lê o ciberpoema "Chá" pode interagir com o texto: clicar no bule e arrastá-lo para que água quente seja colocada na xícara; depois, fazer o mesmo com o chá e até mexer o líquido com a colher. Todas essas interações são acompanhadas por sons. Observe algumas modificações que o usuário produz na cena ao clicar em elementos da tela.

Ana Cláudia Gruszynski e Sérgio Capparelli. *Ciber & Poemas*. Disponível em: <www.ciberpoesia.com.br>. Acesso em: 16 abr. 2019.

Converse com os colegas sobre as questões a seguir.

1. Como você viu, os ciberpoemas são diferentes dos poemas visuais e dos tradicionais. Mencione algumas dessas diferenças.

2. Qual versão do poema "Chá" você achou mais interessante: o poema visual ou o ciberpoema? Por quê?

## Texto 2 — Lenda

1. Os povos indígenas têm muitas lendas. De quais você se lembra?

2. Há muitas lendas que explicam fatos da natureza. Leia uma lenda sobre a origem do arco-íris.

**A dança do arco-íris**

Há muito e muito tempo, vivia sobre uma planície de nuvens uma tribo muito feliz. Como não havia solo para plantar, só um emaranhado de fios branquinhos e fofos como algodão-doce, as pessoas se alimentavam da carne de aves abatidas com flechas, que faziam amarrando em feixe uma porção dos fios que formavam o chão. De vez em quando, o chão dava umas sacudidelas, a planície inteira corcoveava e diminuía de tamanho, como se alguém abocanhasse parte dela.

Certa vez, tentando alvejar uma ave, um caçador errou a pontaria e a flecha se cravou no chão. Ao arrancá-la, ele viu que se abrira uma fenda, através da qual pôde ver que lá embaixo havia outro mundo.

Espantado, o caçador tampou o buraco e foi embora. Não contou sua descoberta a ninguém.

Na manhã seguinte, voltou ao local da passagem, trançou uma longa corda com os fios do chão e desceu até o outro mundo. Foi parar no meio de uma aldeia onde uma linda índia lhe deu as boas-vindas, tão surpresa em vê-lo descer do céu quanto ele de encontrar criatura tão bela e amável. Conversaram longo tempo e o caçador soube que a região onde ele vivia era conhecida por ela e seu povo como "o mundo das nuvens", formado pelas águas que evaporavam dos rios, lagos e oceanos da terra. As águas caíam de volta como uma cortina líquida, que eles chamavam de chuva. "Vai ver, é por isso que o chão lá de cima treme e encolhe", ele pensou. Ao fim da tarde, o caçador despediu-se da moça, agarrou-se à corda e subiu de volta para casa. Dali em diante, todos os dias ele escapava para encontrar-se com a jovem. Ela descreveu para ele os animais ferozes que havia lá embaixo. Ele disse a ela que lá no alto as coisas materiais não tinham valor nenhum.

Um dia, a jovem deu ao caçador um cristal que havia achado perto de uma cachoeira. E pediu para visitar o mundo dele. O rapaz a ajudou a subir pela corda. Mal tinham chegado lá nas alturas, descobriram que haviam sido seguidos pelos parentes dela, curiosos para ver como se vivia tão perto do céu.

Foram todos recebidos com uma grande festa, que selou a amizade entre as duas nações. A partir de então, começou um grande sobe e desce entre céu e terra. A corda não resistiu a tanto trânsito e se partiu. Uma larga escada foi então construída e o movimento se tornou ainda mais intenso. O povo lá de baixo, indo a toda a hora divertir-se nas nuvens, deixou de lavrar a terra e de cuidar do gado. Os habitantes lá de cima pararam de caçar pássaros e começaram a se apegar às coisas que as pessoas de baixo lhes levavam de presente ou que eles mesmos desciam para buscar.

Vendo a desarmonia instalar-se entre sua gente, o caçador destruiu a escada e fechou a passagem entre os dois mundos. Aos poucos, as coisas foram voltando ao normal, tanto na terra como nas nuvens. Mas a jovem índia, que ficara lá em cima com seu amado, tinha saudade de sua família e de seu mundo. Sem poder vê-los, começou a ficar cada vez mais triste. Aborrecido, o caçador fazia tudo para alegrá-la. Só não concordava em reabrir a comunicação entre os dois mundos: o sobe e desce recomeçaria e a sobrevivência de todos estaria ameaçada.

Certa tarde, o caçador brincava com o cristal que ganhara da mulher. As nuvens começaram a sacudir sob seus pés, sinal de que lá embaixo estava chovendo. De repente, um raio de sol passou pelo cristal e se abriu num maravilhoso arco-íris que ligava o céu e a terra. Trocando o cristal de uma mão para outra, o rapaz viu que o arco-íris mudava de lugar.

– Iuupii! – gritou ele. – Descobri a solução para meus problemas!

Daquele dia em diante, quando aparecia o sol depois da chuva, sua jovem mulher escorregava pelo arco-íris abaixo e ia matar a saudade de sua gente. Se alguém lá de baixo se metia a querer visitar o mundo das nuvens, o caçador mudava a posição do cristal e o arco-íris saltava para outro lado. Até hoje, ele só permite a subida de sua amada. Que sempre volta, feliz, para seus braços.

### Glossário

**Alvejar:** atingir.
**Corcovear:** curvar.
**Desarmonia:** desequilíbrio.
**Feixe:** grande quantidade.
**Planície:** grande extensão de terreno plano, ou seja, com pouca ou nenhuma variação de altos e baixos.
**Sacudidela:** movimentação leve.

João Anzanello Carrascoza. A dança do arco-íris. *Nova Escola*, ago. 2004. Disponível em: <https://novaescola.org.br/conteudo/3177/a-danca-do-arco-iris>. Acesso em: 29 maio 2019.

# Estudo do texto

**1** Em sua opinião, por que a lenda recebeu o título "A dança do arco-íris"?

_____

_____

**2** A lenda é narrada por um:

☐ narrador-personagem.   ☐ narrador-observador.

◆ Copie um trecho da lenda que justifique sua resposta.

_____

_____

**3** Como era a situação inicial na lenda?

_____

_____

**4** Como o caçador descobre o mundo que existe debaixo de seus pés?

_____

_____

**5** O caçador encontrou uma habitante do "outro mundo". Qual foi a reação dela?

_____

_____

**6** A lenda se passa no tempo presente ou no passado? Justifique com um elemento do texto.

_____

_____

_____

**7** O que causou um conflito, isto é, uma complicação na lenda?

_____

_____

**8** Qual é o clímax da história, ou seja, o momento de máxima tensão do conflito?

_____

_____

**9** Como o conflito foi resolvido, ou seja, como foi o desfecho da lenda?

_____

_____

_____

**10** Que outro problema o caçador criou ao destruir a escada? Como ele descobriu uma solução para isso?

_____

_____

_____

**11** A lenda explica a existência do arco-íris.

a) Você diria que essa explicação é científica?

_____

_____

_____

b) Pesquise, em livros, *sites* e enciclopédias, explicações científicas para a formação do arco-íris. Anote o que descobrir no caderno.

---

**Lenda** é uma narrativa fantasiosa que procura explicar acontecimentos ou fenômenos da natureza. As lendas têm origem na tradição oral, isto é, costumam ser contadas oralmente e passadas de geração a geração.

# Estudo da escrita

## Uso de **trás**, **traz** e **atrás**

**1** Leia o cartaz e converse com os colegas e o professor sobre as atividades.

[Cartaz da campanha "Foca no Trânsito" do Governo do Estado de São Paulo: #FocaNoTransito @detransp — "94% DOS ACIDENTES COM MORTE SÃO CAUSADOS POR FALHA HUMANA" — "USE O CINTO TAMBÉM NO BANCO DE TRÁS" — "FOCA NO TRÂNSITO". Logos: Vida de Preferência, detran.sp, Governo do Estado de São Paulo — Secretaria de Planejamento e Gestão.]

Disponível em: <www.saopaulo.sp.gov.br/wp-content/uploads/2017/05/foca-3.jpg>. Acesso em: 29 maio 2019.

a) O cartaz divulga um produto ou uma ideia, isto é, uma campanha?
b) Qual é o objetivo da campanha do cartaz?
c) A campanha afirma que 94% dos acidentes com mortes são causados por falha humana. Para que há essa informação no cartaz?

d) Em sua opinião, o cartaz é divertido? Por quê?
e) O que significam as informações que estão na parte superior esquerda do cartaz, logo acima da cabeça da foca?
f) Quem são os responsáveis por essa campanha? Como você sabe disso?
g) Explique o significado da expressão "de trás", usada no cartaz.

_____
_____

**2** Agora leia as frases e observe as palavras destacadas.

I. Karen **traz** lanche para a escola.

II. O cachorro está **atrás** da casa.

III. Pedro foi no banco de **trás** do carro.

a) Explique o sentido de cada frase.

_____
_____

b) É possível trocar as palavras destacadas umas pelas outras nessas frases? Por quê?

_____
_____
_____

**3** Escreva duas frases: uma com "traz" e outra com "atrás".

_____
_____

> Apesar de serem parecidas, as palavras **traz**, **trás** e **atrás** têm sentidos diferentes.
> **Traz** vem do verbo **trazer** e significa "levar, portar, transportar".
> **Trás** significa "na parte posterior".
> **Atrás** significa "após, depois".

## Produção de texto

## Coletânea de poemas de Patativa do Assaré

Um dos cordelistas mais populares do Brasil é Patativa do Assaré. Você já ouviu falar dele?

Antônio Gonçalves da Silva (1909-2002), o Patativa do Assaré, nasceu no interior do Ceará, próximo à cidade de Assaré. Ele foi poeta, compositor, cantor e repentista.

Aos 20 anos, recebeu o apelido de Patativa, pois sua poesia era comparada à beleza da ave nordestina de mesmo nome.

▶ Ave que inspirou o apelido do cordelista Patativa do Assaré.

Muitos dos poemas e folhetos de cordel de Patativa foram publicados em revistas e jornais. Alguns de seus livros foram traduzidos para outros idiomas. Gravou, também, dois discos.

Patativa do Assaré recebeu prêmios, títulos e homenagens por sua contribuição na literatura e cultura popular.

Foi casado, teve nove filhos e morreu na mesma cidade em que nasceu.

Você e os colegas produzirão uma coletânea com poemas de cordel escritos por Patativa do Assaré. Depois haverá um sarau para que vocês, outras turmas, professores e demais funcionários da escola apreciem, juntos, a obra desse importante escritor brasileiro.

### Glossário

**Repentista:** quem canta versos improvisados, conhecidos como "repentes".

1. Forme dupla com um colega e, juntos, pesquisem um poema de cordel escrito por Patativa do Assaré. Copiem-no em uma folha de papel à parte.

2. Vejam as características do poema escolhido (quantidade de versos e estrofes, esquema de rimas, tema) e comparem-nas com as do poema "O jabuti e o caipora". Anotem semelhanças e diferenças no caderno.

3. Entreguem a folha com o poema que vocês selecionaram para o professor e compartilhem as informações sobre ele com as demais duplas.

## Produção da xilogravura

No estudo do **Texto 1**, você analisou algumas capas de folhetos de cordel. Você sabe como elas são feitas? Por meio de xilogravura.

> **Xilogravura** é uma técnica em que se esculpe um desenho numa placa de madeira, como uma espécie de carimbo. Essa madeira esculpida se chama matriz.
>
> Depois, passa-se tinta sobre o relevo formado na matriz e pressiona-se um papel sobre ela. A pintura que fica registrada no papel é a xilogravura.

Agora, ainda em dupla, você fará um desenho com essa técnica. O desenho deve ser inspirado no poema de Patativa do Assaré que você e seu parceiro de dupla escolheram.

1. Em uma folha de papel, façam uma ilustração para o poema escolhido.
2. Quando estiver pronta, reproduzam o desenho com um lápis em uma bandeja de isopor. Sigam as orientações do professor.
3. Depois passem tinta preta em todo o desenho na bandeja.
4. Peguem outra folha de papel. Coloquem-na em cima da bandeja de isopor e façam pressão nela, como se fosse um carimbo, para imprimir a ilustração.
5. Retirem a folha com cuidado para não borrar o desenho.
6. Deixem secar e a xilogravura estará pronta! Ela fará parte do sarau.

## Oralidade

### Sarau de poemas de Patativa do Assaré

Toda a turma, com a orientação do professor, organizará um Sarau de Poemas de Patativa do Assaré! Você e os colegas apresentarão os poemas de cordel que selecionaram na Produção de Texto.

O professor escolherá um espaço na escola e, com seu auxílio e dos colegas, irá decorá-lo com as xilogravuras produzidas pela turma.

Convide os colegas de outras classes, professores e demais funcionários para acompanhar a leitura dos poemas que vocês farão.

Antes da apresentação, é preciso preparar-se. Veja as dicas a seguir.

1. Você e seu parceiro de dupla devem ler várias vezes o poema de cordel escolhido. Vocês não precisam decorá-lo, mas é importante conhecê-lo bem para não se perderem na leitura.
2. Ensaiem bastante e treinem a pronúncia das palavras, as rimas, as pausas e as partes mais emocionantes, de acordo com o sentimento (medo, alegria, raiva...) que desejam transmitir ao espectador. Além disso, fiquem atentos ao tom de voz.
3. Prestem atenção à postura. Procurem ficar com a cabeça erguida, para que todos possam ouvir bem o que está sendo dito. Tentem não olhar para o papel o tempo todo.
4. Movimentem-se: as expressões faciais e corporais podem ajudar a transmitir a ideia que vocês desejam.

Agora que vocês já estão bem preparados, organizem com as demais duplas a ordem de apresentação e declamem os poemas para a plateia.

Acompanhem a leitura das outras duplas e aplaudam-nas, em sinal de respeito pela apresentação.

▶ Estátua de bronze em homenagem a Patativa do Assaré, no Centro Dragão do Mar de Arte e Cultura, Fortaleza, Ceará, fotografia de 2005.

## Revendo o que aprendi

**1** Leia a tirinha a seguir.

> BICICRETA, COCRETE, CARDENETA!
>
> NOSSA! ELE FALA TUDO ERRADO!
>
> VIM DEVOLVER O SEU PAPAGAIO!
>
> ARGUM POBREMA?

Fernando Gonsales.

a) No primeiro quadrinho, a personagem afirma que o papagaio fala tudo errado. Você concorda com ela? Por quê?

_____
_____
_____

b) No último quadrinho, é possível concluir o motivo de o papagaio falar daquele jeito? Justifique sua resposta.

_____
_____
_____

c) A mulher decidiu devolver o papagaio. Qual foi o motivo?

_____
_____

d) Circule nos quadrinhos as palavras escritas de um modo que reproduz a pronúncia dos personagens.

e) Reescreva as palavras que você circulou usando a grafia que elas têm no dicionário.

_____

126

**2** Marque a opção correta sobre poemas de cordel.

☐ Em poemas de cordel não é necessário sempre haver rima, pois isso depende do tema escolhido.

☐ As rimas podem variar de posição. Elas estarão em determinados versos de acordo com a quantidade deles em uma estrofe.

☐ O cordel só tem rimas se tiver seis versos em cada estrofe, por esse motivo nem sempre eles precisam rimar.

**3** Xilogravuras são ilustrações que compõem um folheto de cordel. Como elas são produzidas?

_____

_____

**4** Complete as frases a seguir.

A temática nos poemas de cordel é _____. Eles pertencem à

literatura _____.

**5** Marque a opção correta quanto às lendas.

☐ Lendas são histórias que vários povos criam para explicar os fatos mais recentes do dia a dia.

☐ Lendas são histórias contadas oralmente por vários povos. Elas são passadas de geração a geração.

☐ Somente os jornalistas podem escrever lendas, pois elas giram em torno de fatos reais.

☐ Os cientistas são os melhores contadores de lendas, pois eles explicam muito bem os fenômenos naturais.

**6** Explique os elementos e a estrutura narrativa de uma lenda.

_____

_____

_____

**7** Leia as frases a seguir e complete-as com **trás**, **atrás** ou **traz**.

a) A motorista _____ as crianças para a escola.

b) A entrada da biblioteca fica na parte de _____ do prédio.

c) A piscina fica _____ da casa.

**8** Marque o sentido das palavras destacadas.

a) Um cordelista sempre **traz** alegria quando escreve seus poemas.

☐ contém   ☐ apresenta, oferece

b) Selma não gostou de ficar **atrás** da orquestra.

☐ posição, lugar   ☐ apresentar

c) Do lado de **trás** de um livro é possível encontrar as informações sobre ele.

☐ por trás de alguma coisa   ☐ relação de lugar

**9** Leia esta estrofe de um poema de cordel e responda às perguntas.

Mando mais essa pergunta
pra você adivinhar:
– Tenho uma grande memória,
porém eu não sei pensar,
uns me usam pro lazer
e outros pra estudar.

José Acaci. Brincando de adivinhar. Disponível em:
<http://espacodocordel.blogspot.com.br/2012/05/
cordl-brincando-de-advinhar.html>.
Acesso em: 29 maio 2019.

a) Qual é a resposta da adivinha?

_____

b) Quantos versos tem a estrofe?

_____

c) Quais versos rimam entre si?

_____

d) Faça uma xilogravura com isopor para ilustrar essa estrofe. Meça a moldura em que ficará o desenho e marque as medidas no isopor.

## Para ir mais longe

### Livros

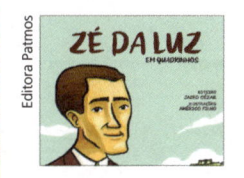

▶ **Zé da Luz em quadrinhos**, de Jairo Cézar. João Pessoa: Patmos, 2017.

Conheça a biografia em quadrinhos de um dos maiores nomes da literatura de cordel: Severino de Andrade Silva, o Zé da Luz.

▶ **Ali-Babá e os quarenta ladrões**, recontado por Edson Rocha Braga. São Paulo: Scipione, 2011. Coleção Reencontro Infantil.

Essa é a história de Ali-Babá, um humilde cortador de lenha que descobre uma caverna cheia de tesouros. Será que ele conseguirá mudar sua sorte? Essa história vem da tradição árabe.

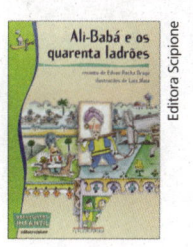

▶ **A peleja do violeiro Chico Bento com o rabequeiro Zé Lelé**, de Fábio Sombra. Ilustrações de Mauricio de Sousa. São Paulo: Melhoramentos, 2012.

Nessa história, contada em formato de cordel, os dois personagens travam uma batalha de versos. Quem será o vencedor?

▶ **Minhas rimas de cordel**, de César Obeid. São Paulo: Moderna, 2013.

Leia poemas de cordel sobre os mais diversos assuntos, como provérbios conhecidos e crendices populares. Com humor e sensibilidade, o autor propõe ao leitor adivinhas rimadas, em que as perguntas rimam com as respostas.

### Site

▶ **Cordel Animado:** <www.marianebigio.com/projetos/cordel-animado/>. Acesso em: 22 jun. 2019.

O *site* Cordel Animado foi criado pela poeta Mariane Bigio e sua irmã, a musicista Milla Bigio. Nele, as artistas divulgam trabalhos com manifestações populares de Pernambuco, em especial a literatura de cordel.

## UNIDADE 6

# Ai, que susto!

- Observe a cena. Quem são os personagens e o que estão fazendo?
- Como as crianças e o homem parecem sentir-se?
- Você já participou de alguma situação como esta? Como foi? Quem estava com você?

# Medo de quê?

Sentir medo pode ser desconfortável: a perna treme, o coração dispara e por dentro temos sensações que nem sabemos explicar. Mas falar sobre nossos medos é importante – e pode ser divertido! Siga as orientações do professor e comprove isso.

1. Como foi falar sobre medo? O que você sentiu ao conversar a respeito disso?

2. Há inúmeros filmes, peças teatrais e textos que dão medo. Por que você acha que as pessoas veem e leem essas histórias?

3. O texto que você lerá é uma narrativa de assombração e tem origem na tradição oral. Leia o quadro a seguir, que fala um pouco sobre ele.

> "O baile do caixeiro-viajante" é uma narrativa de assombração. Ela faz parte de outra narrativa principal, o romance *Minha querida assombração*. Na história, Paulo e seus filhos Francisco, Rita, Fernando e Luísa vão passar uma semana em uma fazenda no interior, na cidade fictícia de Três Córregos.
>
> Lá, a família é recebida pela dona da fazenda, Dona Santa. Durante as noites, essa senhora conta à família casos de assombração (um por noite). O que você lerá agora é o penúltimo, o de sábado. Enquanto brincam durante o dia e ouvem casos à noite, a família vive a própria história de assombração e mistério.

- Como você acha que é essa história?
- Que sensações você acha que esse texto causará em você?

# Texto 1 — Narrativa de assombração

**O baile do caixeiro-viajante (Parte 1)**
[...]
Sábado é dia de baile,
tanto na roça quanto na cidade.
Numa cidade pequena do interior
o baile é sempre um grande acontecimento.
Melhor situação para namorar
e para arranjar namorado não tem.
O sábado é um dia muito propício
para o nascimento de grandes amores.
Pois foi num baile de sábado que o moço de fora
apaixonou-se por uma donzela da terra.
Foi mais ou menos assim que aconteceu.

Leôncio, sim, era esse o seu nome,
conheço bem sua incrível história de amor.
Leôncio era um caixeiro-viajante da capital
e vinha à cidade uma vez por mês
prover de mercadorias as vendas do lugar.
Ia e voltava no mesmo dia,
mas houve algum problema com sua condução
e daquela vez ele teve que dormir na cidade.
Cidade pequena, sem muitos atrativos,
o que se poderia fazer à noite para distração?
Era dia de baile na cidade, um sábado especial,
e uma orquestra de fora tinha sido contratada.

O moço do hotel que servia o jantar comentou:
– Seu Leôncio, este baile o senhor não pode perder.
E não podia mesmo, mal sabia ele.
Leôncio mandou passar o terno e foi ao baile.
Gostava de dançar, sabia até dar uns bons passos,
mas era tímido, relutava em tirar as moças.
[...]
Por volta de meia-noite sentiu que chegava o sono
e pensou em se retirar.
Foi quando viu Marina entrar no salão.
Ficou sabendo depois que seu nome era Marina.
Marina chegou só e, ao entrar, passou junto a Leôncio.
Bem perto dele ela parou e se virou para trás.
– Oh! Deixei cair minha chave no chão.
Ela falava consigo mesma, distraída que estava,
mas para Leôncio, que tudo ouviu atentamente,
suas palavras funcionaram como uma deixa.
Ele se abaixou rapidamente, pegou a chave do chão
e a estendeu à sua dona.
Antes que ela dissesse qualquer coisa, ele falou:
– Pode agradecer com uma contradança, senhorita.
– Marina, meu nome é Marina. Sim, vamos dançar.
Dançaram aquela contradança e mais outra e outras mais.
Dançaram o resto da noite, até o baile terminar.

Parecia que os dois eram velhos parceiros de dança,
tão leves e tão graciosos eram seus passos.
Leôncio se sentia completamente enlevado,
como se o encontro com a bela dançarina
fosse um presente enviado pelo céu.
Presente que ele nem merecia, chegou a pensar.
Agradeceu à Providência ter permanecido na cidade.
Já nem queria ir embora no dia seguinte.
Em nenhum momento Marina fez menção de o deixar
para encontrar amigos ou conhecidos no salão.
Ele tinha a sensação de que ela fora ao baile só por ele,
de que era com ele que queria dançar a noite toda.
Não teria namorado, noivo, marido?
Muitas paixões chegam enquanto se dança.
Leôncio apaixonou-se por Marina ao dançar com ela.

Então, a orquestra tocou a música de encerramento
e o baile acabou, já era alta madrugada.
Leôncio insistiu em acompanhar a moça até sua casa.
Ela aceitou a companhia, era perto, iriam a pé.
Estava frio lá fora, uma fina garoa molhava as calçadas.
Na portaria do clube Leôncio pegou a capa
que tinha deixado ali guardada.
Ele tinha uma capa da qual nunca se separava.
Viaja a muitos lugares diferentes,
enfrentando os climas mais imprevisíveis.
A capa era sempre o abrigo garantido.
Leôncio ofereceu a capa à companheira
para que se protegesse do mau tempo.
– Para você não se resfriar, faz frio.

Ela aceitou, vestiu o sobretudo
e os dois foram andando pelas calçadas.
Caminhavam de mãos dadas, como namorados,
falavam pouco, só o essencial.
Próximo à saída da cidade,
a moça disse ao caixeiro-viajante:
– Despedimo-nos aqui.
E explicou por quê:
– Não fica bem você ir comigo até onde moro.
– Está bem, como quiser – ele consentiu.
Começando a despir o sobretudo, ela disse:
– Leve sua capa.
– Não, fique com ela. Está frio.
E completou:
– Depois você me devolve.
Era difícil para Leôncio deixar a moça ir,
mas havia a possibilidade do amanhã
e do futuro todo.
Ele propôs, com o coração na mão:
– Amanhã, às oito da noite, em frente à matriz?
Ela assentiu e o beijou.
A garoa fria tinha se transformado em densa neblina,
mal se vislumbrava a luz dos postes de iluminação.
O silêncio reinava soberano.
Um cão uivou ao longe.
Leôncio viu Marina desaparecer na bruma da madrugada.
Com as mãos nos bolsos e o corpo retesado pela friagem,
o caixeiro retornou ao hotel.
[...]

Reginaldo Prandi. *Minha querida assombração*. São Paulo: Companhia das Letrinhas, 2003. p. 101-105.

## Glossário

**Bruma:** nevoeiro, neblina.
**Contradança:** nome genérico das danças do tipo quadrilha.
**Deixa:** chance, oportunidade.
**Providência:** forma de se referir a Deus.
**Relutar:** resistir, recusar.
**Retesado:** esticado, tenso.

# Estudo do texto

**1** Circule, no texto, todas as palavras cujo significado você não conhece.

   a) Escreva no caderno as palavras que você circulou, deduza o sentido delas pelo contexto e anote suas conclusões.

   b) Consulte um dicionário para confirmar se suas deduções estão adequadas e corrija o que for necessário.

**2** "O baile do caixeiro-viajante" foi escrito em prosa ou verso? Justifique sua resposta.

_____

_____

**3** Em sua opinião, por que a narrativa foi escrita dessa forma?

_____

_____

**4** O que faz um caixeiro-viajante?

   ☐ É um profissional que vende produtos de cidade em cidade.

   ☐ É um profissional que viaja para fazer caixões sob encomenda.

**5** Escolha a melhor opção que descreve o encontro de Leôncio e Marina.

   ☐ Marina vai em direção a Leôncio e o convida para dançar, pois ele é novo na cidade.

   ☐ Leôncio já estava no baile quando Marina chegou e o rapaz a ajuda apanhando a chave que caiu.

   ☐ Marina deixa a chave cair e ela mesma a pega, pois não gosta de receber ajuda das pessoas.

**6** Como Leôncio se sentiu ao conhecer Marina?

_____

_____

**7** Onde acontece a história do caixeiro-viajante?

_____
_____

**8** Quando se passa a primeira parte da história?

_____

**9** Quem são os personagens que apareceram na primeira parte da narrativa de assombração?

_____
_____

**10** De acordo com Dona Santa, que é a narradora da narrativa de assombração, sempre que Leôncio visitava a cidade, ele ia e voltava no mesmo dia.
   ◆ Por que dessa vez ele ficou para passar a noite?

_____
_____

**11** Em relação à personagem Marina, responda às perguntas a seguir.
   a) Quais informações são dadas a respeito dela?

_____
_____

   b) Qual trecho da narrativa indica que Marina estava sozinha?

_____
_____
_____

**12** Você conseguiu responder, com bastante detalhes, às atividades 7 a 11? Por quê?

_____

> Em narrativas de assombração, muitas informações não são dadas ou são apresentadas sem precisão: "uma cidade", "um sábado", "o moço do hotel" etc.
>
> Além disso, geralmente há ao menos um personagem desconhecido, misterioso, do qual pouco ou nada se sabe.

**13** Releia o trecho a seguir.

A garoa fria tinha se transformado em densa neblina,
mal se vislumbrava a luz dos postes de iluminação.
O silêncio reinava soberano.
Um cão uivou ao longe.
Leôncio viu Marina desaparecer na bruma da madrugada.

- Faça um desenho de como você imagina essa cena.

**14** Considerando as respostas que você deu às atividades anteriores, o quadro amarelo acima e o desenho que fez, complete as frases com as palavras dadas.

medo    atmosfera    forma    expectativa

- Em uma narrativa de assombração, a _____ de apresentar lugar, tempo e personagens cria a _____ de mistério e provoca a sensação de _____ e _____.

## Estudo da escrita

### Uso de -êm, -em e -eem

**1** Veja a capa do livro ao lado e converse com os colegas e o professor.

a) Qual é o título do livro.

b) Como ficaria o título no singular? Faça as mudanças necessárias para que a concordância verbal fique correta.

c) O que diferencia o verbo no singular do verbo no plural?

d) Qual é a forma infinitiva do verbo que você escreveu?

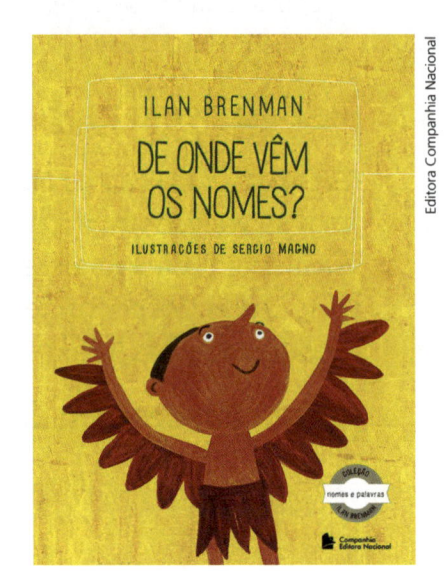

**2** Complete as lacunas com as formas verbais **vem** e **vêm**.

a) Ela _____ de longe.

b) Mário e Luciana _____ visitar os parentes.

c) As garotas _____ aí.

d) Ele _____ cedo.

**3** Agora preencha as lacunas.

> Quando o verbo **vir** está na 3ª pessoa do _____, recebe acento _____.
>
> Quando está na 3ª pessoa do _____, não deve ser _____.

**4** Crie uma frase utilizando o verbo **vir** na 3ª pessoa do singular ou plural.

_____

**5** Leia o título da capa deste outro livro.

*O que os Olhos leem, o Coração sente*
Ana Luiza Novis
Ilustrações: Mirella Spinelli

Editora Jaguatirica

a) Circule o título do livro.
b) Escreva os verbos do título.

_____

c) Na resposta anterior, circule o verbo que está no plural e sublinhe o que está no singular.
d) Esses verbos estão na:

☐ 1ª pessoa.   ☐ 3ª pessoa.

e) Qual é a forma infinitiva desses verbos?

_____

**6** Complete as lacunas de acordo com o que você observou durante as atividades.

Na 3ª pessoa do _____ (eles), o verbo **ler**, assim como **crer** e **ver**, termina em _____ (sem acento gráfico).

## Texto 2 — Narrativa de assombração

**1** Agora você lerá a continuação do **Texto 1**. Como será que termina a história do caixeiro-viajante Leôncio e da misteriosa Marina?

**O baile do caixeiro-viajante (Parte 2)**
[...]
O dia seguinte foi de grande ansiedade,
mas finalmente a noite chegou para Leôncio.
Muito antes da hora marcada
lá estava ele em frente à igreja esperando por Marina.
Só quando o relógio da matriz bateu doze badaladas
Leôncio aceitou com tristeza que ela não viria mais.
Temeu que alguma coisa grave tivesse acontecido.
Tinha certeza de que ela gostara dele
tanto quanto ele gostara dela.
Alguma coisa grave teria acontecido.
Ele ia descobrir.

Era tarde e só restava ir dormir,
mas na manhã seguinte, mal se levantou,
já foi perguntando pela moça.
Na rua, no largo da matriz, em todo lugar,
interrogava sobre a moça, e nada.
Estranhamente ninguém sabia dizer quem era ela.
Numa cidade pequena todo mundo se conhece,
todos sabem da vida de todos,
todos se controlam, vigiam-se uns aos outros.
A fofoca é cultivada como se fosse uma obrigação,
como se representasse um dever cívico.
Uma linda moça da cidade vai ao baile desacompanhada,
dança a noite toda com um desconhecido
e ninguém sabe quem ela é?
Ele continuou perguntando por sua dançarina.
Foi aos armazéns e lojas que tinha como clientes,
descrevia a moça, dizia seu nome
e ninguém sabia dizer quem era a donzela.
— Aquela com quem dancei ontem a noite toda.
Ninguém tinha visto.
Desanimado, voltou para sua hospedagem.

Então um velho se apresentou,
era um empregado do hotel,
empregado que Leôncio nunca tinha visto,
nem nessa nem em outras estadas na cidade.
Era alto, magro e de uma palidez desconcertante.
O velho empregado do hotel lhe disse:
– Moço, conheci uma tal Marina igualzinha à sua.
E completou, baixando a voz respeitosamente:
– Mas ela está morta, morreu há muito tempo.
Disse que a moça pereceu num desastre de carro,
quando estava fugindo
para se casar com um caixeiro-viajante,
casamento que a família dela não queria,
de jeito nenhum.
Leôncio ficou chocado com a história,
que absurdo!
Imaginar que se tratava da mesma pessoa!
– Nem pensar. Eu a tive nos braços a noite toda!
Mas o velho funcionário insistiu:
– No túmulo dela tem a fotografia, quer ver?
– Não pode ser, é um disparate, mas quero ver.
O velho não se fez de rogado.
Em poucos minutos estavam os dois subindo a ladeira
que levava ao afastado cemitério da cidade.
Com a cabeça girando, cheio de dúvidas e incertezas,
Leôncio se perguntava:
– O que é que eu estou fazendo aqui?
Chegaram ao portão do campo-santo
e o velho disse a Leôncio que entrasse sozinho.
Não gostava de cemitérios, desculpou-se.
Explicou como chegar ao túmulo da moça,
despediu-se com uma reverência e foi embora.
Não foi difícil para o caixeiro-viajante encontrar a campa
que seu acompanhante descreveu com precisão.

A tardinha se fora, escurecia,
a noite já caía sobre o cemitério.
A neblina voltava a descer e esfriara um pouco.
Leôncio sentia frio, tremia,
mas podia enxergar perfeitamente.
Estava de pé diante da tumba.
E o retrato da defunta que ali jazia era mesmo o dela.

"Aqui descansa em paz Marina, filha querida",
era o que dizia a inscrição em letras de bronze,
havia muito tempo enegrecidas,
fixadas sobre o mármore gasto da lápide mortuária.
O olhar aturdido de Leôncio desviou-se do retrato,
não queria ver mais o rosto amado
aprisionado na pedra pela morte.
Triste desdita a do viajante,
havia mais coisa para ver ali.
Uma tragédia nunca se completa
sem antes multiplicar o desespero.
O olhar de Leôncio subiu em direção
à parte alta do sepulcro.
Na cabeceira do jazigo estava uma peça
que lhe era bastante familiar.
Sentiu um calafrio lhe percorrer a espinha,
tinha as pernas bambas, o coração disparado.
Aproximou-se mais do túmulo para ver melhor.
Estendida sobre a sepultura, à sua espera,
repousava sua inseparável capa.
[...]

Reginaldo Prandi. *Minha querida assombração*. São Paulo: Companhia das Letrinhas, 2003. p. 105-109.

## Glossário

**Aturdido:** atordoado, desnorteado.
**Campa:** sepultura, túmulo.
**Cívico:** referente ao cidadão.
**Desdita:** má sorte, desgraça.
**Disparate:** ação absurda, fora da realidade.
**Fazer-se de rogado:** fazer-se de difícil.
**Jazigo:** sepultura, cova.
**Perecer:** morrer.
**Sepulcro:** sepultura, túmulo.

# Estudo do texto

**1** Releia o trecho a seguir.

Muito antes da hora marcada
lá estava ele em frente à igreja esperando por Marina.

- Por que Leôncio chegou ao encontro muito antes da hora marcada?

  ☐ Porque ele estava ansioso para ver Marina.

  ☐ Porque ele não se lembrava do horário combinado.

  ☐ Porque não tinha um relógio por perto.

**2** O que significa o relógio bater "doze badaladas"?

_____

_____

**3** Ao perceber que Marina não iria ao encontro, qual foi a reação de Leôncio?

_____

_____

**4** Apesar de Marina não ter ido ao encontro, Leôncio a procurou. Por quê?

_____

_____

**5** Um novo personagem aparece na história sem muitas explicações. Quem é ele? O que ele fez?

_____

_____

**6** Como a narradora descreve esse personagem?

_____

_____

**7** Que efeito essa descrição causa? Por quê?

_____
_____
_____

**8** Releia o trecho a seguir.

Uma linda moça da cidade vai ao baile desacompanhada,
dança a noite toda com um desconhecido
e ninguém sabe quem ela é?

- Assinale a alternativa correta sobre o trecho.

  ☐ Ninguém sabe quem é Marina, porque ela nunca saiu de casa.

  ☐ Ninguém sabe quem é Marina, porque todos fingem que ela não existe.

  ☐ Ninguém sabe quem é Marina, porque ela é um fantasma.

**9** Inicialmente Leôncio não acreditou no que o velho lhe disse. Por quê?

_____
_____

**10** Em sua opinião, por que o velho não gostava de entrar no cemitério?

_____
_____
_____

**11** Depois que Leôncio vê o retrato de Marina no túmulo, a narradora afirma que "havia mais coisa para ver ali".

a) O que mais havia lá?

b) O que a presença desse elemento causa em Leôncio?

c) Em sua opinião, por que esse elemento causa tais efeitos em Leôncio?

**12** A maior parte da narrativa de assombração aconteceu à noite. Em sua opinião, por quê?

**13** Qual é o principal tempo verbal empregado na narrativa de assombração? Que efeito ele causa?

_____

**14** Complete o quadro com as informações da narrativa usando suas palavras.

| | |
|---|---|
| Situação inicial | |
| Conflito ou complicação | |
| Desenvolvimento | |
| Clímax | |
| Desfecho | |

> Em uma narrativa de assombração, os fatos sobre o personagem misterioso são revelados no desfecho da história e as explicações são ligadas ao mundo sobrenatural.

### Aí vem história

O personagem do texto ia levar uma encomenda até o 13º andar de um prédio antigo e estava morrendo de medo. O que será que aconteceu? Leia o texto da página 249 e confira.

147

## Estudo da língua

### Verbos no modo indicativo

**1** Releia os trechos a seguir para fazer as atividades.

I. [...] mas finalmente a noite **chegou** para Leôncio [...]
II. [...] **conheço** bem sua incrível história de amor [...]
III. Leôncio **sentia** frio, **tremia** [...]

a) As palavras destacadas são:

☐ verbos.   ☐ substantivos.   ☐ adjetivos.

b) Escreva **V** nas afirmações verdadeiras e **F** nas falsas.

☐ Nos três trechos, os verbos estão no presente.

☐ Apenas no trecho II o verbo está no presente.

☐ Em nenhum trecho o verbo está no presente.

c) As palavras que estão destacadas indicam:

☐ algo do qual não se tem certeza.

☐ algo do qual se tem certeza.

☐ algo que pode ou não acontecer.

> O **modo indicativo** do verbo expressa certeza de que algo já aconteceu (passado), acontecerá (futuro) ou acontece (presente).

**2** Sublinhe os verbos do trecho a seguir.

Ia e voltava no mesmo dia [...]
[...] e daquela vez ele teve que dormir na cidade.

◆ Agora complete as lacunas.

> Os verbos sublinhados nesta atividade estão no tempo _____ do modo _____.

**3** Com base na legenda a seguir, classifique as frases do texto de acordo com o tempo dos verbos em destaque.

A – passado    B – presente

☐ Ela **aceitou**, **vestiu** o sobretudo [...]

☐ [...] todos **sabem** da vida de todos [...]

☐ Mas o velho funcionário **insistiu** [...]

☐ [...] e ninguém **sabe** quem ela **é**?

**4** Leia o cartaz do **Projeto Ler + Jovem**, realizado em Portugal.

Eu leio, tu lês, nós lemos...

Agrupamento de Escolas do Vale de Ovil – Baião
2016/2018

Projeto Ler + Jovem – Agrupamento de Escolas do Vale de Ovil. Disponível em: <https://issuu.com/hmarques/docs/eu_leio__tu__l__s__n__s_lemos_para_n>. Acesso em: 18 jun. 2019.

a) Circule os pronomes pessoais que aparecem no cartaz.

b) Em que tempo está conjugado o verbo "ler"?

_____

c) Em que modo os verbos estão?

_____

d) Conjugue o verbo do cartaz também no presente do modo indicativo, de acordo com os pronomes pessoais a seguir.

Ele _____  Vós _____  Eles _____

## Produção de texto

## Narrativa de assombração

Em grupos, você e os colegas escreverão narrativas de assombração. Depois de finalizá-las, vocês as contarão à turma e elas farão parte de um livro de assombrações, que poderá ficar disponível para empréstimo na sala de aula ou na biblioteca da escola.

### Planejamento

1. Inicialmente, pensem em um fato assustador e como ele pode ser apresentado.
2. Escolham os personagens: Quais são as características deles? Todos terão nome?
3. Lembrem-se de que deve haver ao menos um personagem misterioso e desconhecido.
4. Escolham o espaço onde a história se desenvolverá, mas não forneçam muitos detalhes.
5. Pensem, ainda, em quando a história acontecerá: À noite? Durante uma tempestade?
6. Lembrem-se de usar principalmente o tempo passado.
7. Não se esqueçam de um título bem interessante para a narrativa de assombração.

### Sobre o enredo

Antes de iniciar a produção de texto, pensem no enredo: situação inicial, conflito, clímax e desfecho.

- Como vocês apresentarão o espaço e os personagens?
- Qual fato será o conflito da narrativa?
- Quando e como será o clímax da história?
- E o desfecho, como será? Que fato ou personagem sobrenatural será revelado?

### Revisão

Depois que a narrativa de assombração estiver pronta, leiam-na em grupo e façam melhorias. Vocês devem verificar as informações a seguir.

- O tempo e o lugar são descritos de forma que provoquem medo?
- Há um ou mais personagens desconhecidos e misteriosos?
- No desfecho, acontece a revelação sobre esse personagem?
- Vocês usaram o tempo passado?

Depois, cada integrante do grupo deverá copiar a narrativa no caderno, para usá-la no ensaio da apresentação oral. Copiem o texto, também, em uma folha avulsa, para entregar ao professor.

## Oralidade

### Narrativa de assombração

Agora que a narrativa de assombração do grupo está pronta, vocês irão contá-la aos demais grupos.

Antes, preparem-se bem seguindo as orientações.

1. Decidam qual parte cada integrante do grupo contará.
2. Leiam várias vezes a narrativa de assombração para evitar ficar olhando o papel durante a exposição.
3. Ensaiem bastante a apresentação, para que a história se fixe bem na memória e para que vocês possam contá-la de forma mais espontânea, como se estivessem narrando algo real.
4. Lembrem-se de variar a voz durante a narração, assim vocês podem transmitir aos ouvintes as sensações que desejam: medo, alegria, raiva, dúvida etc.
5. Usem também o rosto e o corpo para ajudar a contar a história: façam diferentes caras, encolham-se, estiquem-se, façam gestos variados de acordo com o que pretendem transmitir.
6. Antes da apresentação na sala de aula, cada integrante do grupo pode pedir a um familiar que veja sua *performance* e dê dicas de como melhorá-la.
7. Entreguem a folha com a narrativa de assombração ao professor e ajudem-no a organizar o livro da turma com todas as narrativas de assombração.

## Revendo o que aprendi

**1** Leia a narrativa de assombração a seguir.

### Ônibus fantasma

Certa vez um homem, que estava numa festa, perdeu o transporte para voltar para casa e resolveu sair andando por uma estrada que não sabia onde daria. Também não tinha companhia, pois a festa tinha acabado e os dançantes haviam ido embora.

Ele estava perdido. Achava que sua casa devia ficar muito longe. Já fazia horas que andava pela estrada escura, sentia um frio no corpo ao passar por árvores e tocos que pareciam gente olhando. Ouvia todo tipo de sons de bichos e pássaros, o céu não estava claro, fechado de nuvens e sem estrelas. Andava, queria voltar para a vila onde ocorreu a festa, mas não sabia o caminho certo, por isso continuou.

Até parar perto de um lugar que parecia um ponto de ônibus ou descanso de animais. Era muito escuro, não dava para ver direito.

De repente, viu um carro vindo na estrada, deu a mão e gritou, mas o veículo passou e não parou. Pensando bem, ele não se lembrava de ter visto o motorista; era um carro antigo, todo iluminado por dentro, o que era por si estranho. E ele jurava para si mesmo que aquele veículo não tinha motorista guiando.

Depois de uma longa espera enfim apareceu outro veículo na estrada. Era um ônibus todo iluminado por dentro e em alta velocidade; parecia estar vazio. Parou bem a seu lado e abriu a porta de trás; o motor roncava e, além disso, uma música tocava, vinda da frente, de onde fica o motorista.

Exausto, ele subiu. Quando pegou na barra de ferro do teto, ao andar lá dentro, o ônibus deu sinal de partida. E ele viu que não existia motorista.

Apavorou-se. Foi nesse instante que o motor do ônibus roncou mais alto em meio a seu grito de horror. O dia vinha amanhecendo.

Ele estava então no meio da estrada, com as mãos para cima, tremendo, e o ônibus tinha desaparecido.

Almir Mota. Ônibus fantasma. In: Lenice Gomes e Fabiano Moraes (Org.). *Histórias de quem conta histórias*. São Paulo: Cortez, 2010. p. 28-31.

a) Circule, no texto, as palavras e expressões que indicam quando aconteceu a história.

b) O que é possível saber do tempo nessa narrativa?

_____
_____
_____

**c)** Ilustre a narrativa, no espaço a seguir, de acordo com o que é descrito no texto.

**d)** Observe o desenho que você fez. Que sensações ele transmite?

_____

_____

_____

**2** Releia o trecho:

> [...] sentia um frio no corpo ao passar por árvores e tocos que pareciam gente olhando.

- Por que o homem sentia frio?

  ☐ Provavelmente porque estava com medo, pois as árvores e tocos pareciam olhar para ele.

  ☐ Provavelmente porque já estava frio antes e ele não havia percebido.

  ☐ Provavelmente porque as árvores e os tocos estavam soprando um vento frio nele.

**3** Além do espaço escuro e assustador, que elemento faz essa narrativa dar medo?

_____
_____
_____

**4** Na narrativa de assombração, há alguns verbos no infinitivo e outros conjugados no tempo passado.

   a) Escolha um verbo de cada parágrafo do texto (no infinitivo ou no passado) e copie-os.

   _____
   _____

   b) Em que modo estão esses verbos?

   _____

**5** Complete as frases a seguir usando **vêm** ou **veem**.

   a) Os ônibus _____ daquela estrada.

   b) As pessoas _____ para a festa.

   c) Todos _____ a mesma coisa quando olham as árvores.

   d) Os que _____ o motorista enxergam bem.

**6** Complete as lacunas de acordo com as indicações que estão nos parênteses.

   a) Eles _____ que virá um carro para buscá-los.

   (verbo **crer** na 3ª pessoa do plural)

   b) Elas _____ o número da linha do ônibus antes de subir nele.

   (verbo **ler** na 3ª pessoa do plural)

   c) Lia e Júnior _____ o mapa impresso.

   (verbo **ver** na 3ª pessoa do plural)

## Para ir mais longe

### Livros

▶ **Sete histórias para sacudir o esqueleto**, de Angela Lago. São Paulo: Companhia das Letrinhas, 2017.

O livro apresenta sete casos de assombração e de esperteza colhidos da tradição oral de diferentes regiões do Brasil. As histórias misturam mistério e humor.

▶ **O mistério do hotel**, de Martin Widmark. Tradução de Suzanna Lund. São Paulo: Callis, 2015 (Coleção Agência de Detetives Marcos & Maia).

Marco e Maia são investigadores da pequena cidade de Valleby. Na investigação do desaparecimento do valioso cãozinho Ribston em um hotel, eles descobrem que vários funcionários cometeram atitudes suspeitas na data do ocorrido. A história dá pistas e possibilita deduções lógicas, que ajudam o leitor a desvendar o mistério com os personagens.

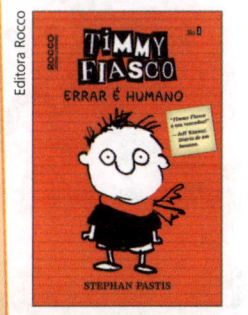

▶ **Timmy Fiasco: errar é humano**, de Stephan Pastis. Tradução de Raquel Zampil. Rio de Janeiro: Rocco, 2015. E-book.

Timmy Fiasco e seu amigo Total, um urso-polar, julgam-se os melhores investigadores não só da cidade, mas também do mundo. Eles acreditam que podem resolver os mais incríveis mistérios, a começar por alguns casos dos colegas de escola. A melhor agência de investigações, a Fiasco Total, é sediada no *closet* da mãe de Timmy.

### Filme

▶ **Hotel Transilvânia 2**. Direção de Genndy Tartakovsky. Estados Unidos: Sony Pictures, 2015, 79 min.

O neto de Drácula, Dennis, é metade humano e metade monstro. Porém, parece que Dennis não vai se tornar vampiro... A fim de despertar no pequeno poderes sobrenaturais, o vovô Drac submete-o a um treinamento para monstros.

# UNIDADE 7
# No mundo da ficção

Bruna Assis

156

- Quando você vê imagens como essa, em que você pensa?
- Você conhece histórias que se passam em cenários assim?
- Em sua opinião, as histórias podem conter elementos que não existem na vida real?

# Crie um robô personalizado

Você criará um robô personalizado de papel. Nas páginas 301 e 303, na seção **Encartes**, há um molde de robô para você pintar, recortar e colar.

Use a criatividade: você pode deixá-lo diferente decorando-o com desenhos e pintando alguns detalhes ou, ainda, colando materiais no corpo dele, como papel colorido, lantejoulas, lã etc.

No final, faça com a turma uma exposição dos robôs na sala de aula!

1. Você sabe o que significa a palavra **ficção**? Conte aos colegas.

2. E o termo **ficção científica**, a que se refere?

3. Você lerá um capítulo do livro *Vinte mil léguas submarinas*, do escritor francês Júlio Verne. Essa obra conta a história de um grande submarino chamado *Nautilus* e de seu inventor, o capitão Nemo. No trecho a seguir, o professor Aronnax foi convidado a conhecer alguns segredos da invenção do capitão Nemo. Que segredos serão esses? Como o professor reagirá a todas essas inovações?

## Texto 1 — Narrativa de ficção científica

**Uma admirável embarcação**

1   – Professor, esses são os aparelhos que fazem o *Nautilus* navegar – o capitão Nemo apontava para os instrumentos pendurados nas paredes do aposento. – Eu os tenho sempre diante dos meus olhos. Eles indicam nossa posição e o curso que estamos no oceano. Alguns são conhecidos do senhor, caso do termômetro, que indica a temperatura interna do *Nautilus*. Há também o barômetro, que mede a pressão do ar e faz a previsão do tempo; o higrômetro, que indica o grau de secura da atmosfera; há também o *storm-glass*[1], aparelho que mede a densidade das chuvas e pode anunciar tempestades; a bússola orienta nossa rota; o sextante informa a latitude, pela altura do sol; com os cronômetros calculo a longitude; por fim, binóculos para o dia e para a noite, por eles estudo os pontos do horizonte quando subimos à superfície.

1. Barômetro de vidro.

2   – E esses aqui? – apontei para uns aparelhos.

3   – São sondas termométricas, que registram a temperatura dos diversos níveis de profundidade.

4 — E estes outros instrumentos?

5 — Sou obrigado a contar-lhe um pequeno segredo, professor. Faço uso da eletricidade[2], ela ilumina, aquece e é a alma dos aparelhos mecânicos.

> 2. A lâmpada elétrica foi inventada no ano de 1879, após a publicação do livro, em 1870.

6 — Mas, capitão, a velocidade com a qual o *Nautilus* se locomove não condiz com o poder da eletricidade.

7 — Professor, minha eletricidade não é a mesma que o senhor conhece, e isto é tudo que posso lhe assegurar no momento.

8 — Não insistirei, mas farei apenas uma última pergunta. Como são obtidos alguns elementos, como zinco, necessários para a manutenção e o funcionamento dessa embarcação, uma vez que não há contato algum com a terra firme?

9 — Não me faltam zinco, ferro, prata, ouro, pois há jazidas no fundo dos mares de todos estes metais. Mas não uso nada disso, meu sistema é mais prático e tudo que preciso é fornecido pelo próprio mar.

10 — E que sistema é esse?

11 — O senhor conhece a composição da água do mar. O cloreto de sódio, como bem sabe, representa uma proporção considerável dessa água. É com o sódio que extraio da água do mar que componho meus elementos.

12 — Capitão, vejo que o senhor descobriu o que os homens descobrirão sem dúvida um dia: a verdadeira força dinâmica da eletricidade.

¹³ — Se me permitir, professor, visitaremos a popa do *Nautilus*.

¹⁴ Segui o capitão Nemo através dos corredores onde havia uma espécie de poço que se abria entre duas divisórias estanques. Uma escada de ferro conduzia à sua extremidade superior. Perguntei a ele para que servia aquele compartimento.

¹⁵ — Ele dá acesso ao barco.

¹⁶ — Que barco? – perguntei.

¹⁷ — Uma excelente embarcação destinada a passeios e à pesca.

¹⁸ — Então o submarino sempre sobe à superfície?

¹⁹ — Não. O barco fica preso em um compartimento na parte superior do *Nautilus*. Uma escada nos leva a uma escotilha estanque, que dá acesso a outra, aberta no casco. Entramos por uma, fechamos e depois abrimos a outra, para não inundar o submarino. Depois é só liberar o barco, que sobe com uma rapidez considerável. Então, levanto o mastro, iço a vela e navego!

²⁰ — E como retorna a bordo?

²¹ — Eu não retorno, é o *Nautilus* que retorna. A um sinal meu, ele vem me buscar.

²² Passamos por um camarote onde Ned e Conselho eram servidos de uma bela refeição. Depois, uma porta se abriu para a cozinha. Em seguida estava o posto de comando, mas não pude ver os equipamentos, pois a porta estava fechada. Ao fundo, outra parede divisória e, então, a casa de máquinas. Adentrei um compartimento onde o capitão Nemo – sem dúvida um engenheiro de primeira linha – instalara seus aparelhos de locomoção.

²³ A casa de máquinas dividia-se em duas partes: a primeira abrigava os elementos que produziam eletricidade; a segunda, o mecanismo que transmitia movimento às hélices.

²⁴ Um odor diferente dominava esse ambiente e o capitão, notando minha sensibilidade, explicou-me tratar-se de emanações de gás produzidas pelo sódio.

²⁵ — Todas as manhãs procedemos a uma purificação e arejamos o *Nautilus*.

²⁶ Apesar de todas as explicações do capitão, havia uma série de pontos que eu não compreendia. Havia um mistério naquilo tudo: como a eletricidade podia atuar com tanta potência? Seria um novo sistema de alavancas, um novo sistema de navegação?

²⁷ — Observei a velocidade do *Nautilus* quando foi perseguido pelo Abraham Lincoln. Mas não basta apenas dispor de velocidade, é preciso saber manobrá-la. Como o *Nautilus* alcança as grandes profundidades? Como sobe à superfície do oceano? Como permanece no meio que lhe convém? Estou sendo indiscreto com essas perguntas?

²⁸ — De modo algum, professor Aronnax. Uma vez que não deixará nunca mais esta embarcação submarina, posso explicar-lhe o que o senhor quiser saber. Vamos ao meu gabinete de trabalho e lá saberá tudo a respeito do *Nautilus*.

Júlio Verne. *Vinte mil léguas submarinas*. Tradução e adaptação de Heloisa Prieto e Victor Scatolin. São Paulo: FTD, 2014. p. 70-74.

## Glossário

**Emanação:** cheiro que se desprende de certas substâncias.
**Estanque:** vedado, impermeável, que não deixa entrar líquido.
**Higrômetro:** instrumento que mede a umidade de gases ou do ar.
**Içar:** puxar para cima, levantar.

## Quem escreveu?

**Júlio Verne** nasceu em 1828, na França, e morreu em 1905. É considerado o pai da ficção científica. Escreveu livros como *Viagem ao centro da Terra* e *A volta ao mundo em oitenta dias*.

# Estudo do texto

**1** Qual é a intenção de uma narrativa como *Vinte mil léguas submarinas*?

☐ Informar o leitor.

☐ Divertir o leitor.

☐ Instruir o leitor.

**2** Observe o primeiro parágrafo do texto.

a) Qual é o nome do sinal que aparece no início dele?

_____

b) O que significa esse sinal?

_____

_____

c) Quem está explicando o funcionamento dos aparelhos?

_____

_____

d) Circule o trecho que comprova sua resposta à pergunta anterior.

**3** Escreva o nome dos aparelhos mencionados nos parágrafos 1 e 3.

_____

_____

_____

**4** Para que os vocábulos listados na atividade anterior foram empregados? Marque a alternativa correta.

☐ Para marcar a presença da tecnologia na narrativa reforçando, assim, seu caráter científico.

☐ Para exibir o profundo conhecimento do autor do texto sobre instrumentos de navegação.

> Em geral, as **narrativas de ficção científica** contêm vocábulos ligados às diferentes áreas da Ciência. Também são comuns descrições detalhadas de equipamentos, seres e ambientes (reais ou imaginários).

**5** Releia os parágrafos 14, 22, 23 e 24.

a) Nesses parágrafos, não há diálogos. O que há neles, então?

_____

_____

b) Desenhe um dos ambientes descritos nesses parágrafos.

_____

**6** Responda às perguntas sobre o narrador do texto.

a) O texto é narrado em 1ª ou 3ª pessoa? Copie dois trechos que justifiquem sua resposta.

_____

_____

_____

b) Como é chamado esse tipo de narrador?

_____

c) Quem é o narrador da história?

_____

**7** Leia o trecho de uma reportagem sobre Júlio Verne.

https://noticias.bol.uol.com.br/bol-listas/15-previsoes-incriveis-do-escritor-julio-verne.htm?cmpid=fb-uolnot

[...]
A obra mais famosa de Verne, *Vinte mil léguas submarinas*, de 1870, apresenta o submarino *Nautilus*, movido a eletricidade. Dezesseis anos depois seria construído o Gymnote, primeiro veículo submarino equipado com motor elétrico.

15 previsões incríveis do escritor Júlio Verne. *BOL*. Disponível em: <https://noticias.bol.uol.com.br/bol-listas/15-previsoes-incriveis-do-escritor-julio-verne.htm?cmpid=fb-uolnot>. Acesso em: 18 jun. 2019.

▶ A fotografia de 1888 mostra o submarino francês Gymnote, construído pelos engenheiros Henri Dupuy de Lôme (1816-1885) e Gustave Zédé (1825-1891).

a) De acordo com a reportagem, quando foi construído o primeiro submarino com motor elétrico?

_____

b) Sublinhe, no **Texto 1**, as falas do capitão Nemo e do professor Aronnax que se relacionam com o trecho da reportagem.

Os **saberes científicos** (reais ou imaginários) e seu impacto nas sociedades são os elementos que diferenciam as narrativas de ficção científica de outros textos narrativos ficcionais.
Em geral, as narrativas de ficção científica mostram situações diferentes ou inexistentes para a época em que se passa a história.

## Estudo da língua

## Conjunção

**1** Releia os trechos e observe as palavras destacadas.

**Trecho 1**
— Não insistirei, **mas** farei apenas uma última pergunta.

**Trecho 2**
— Não me faltam zinco, ferro, prata, ouro, **pois** há jazidas no fundo dos mares de todos estes metais.

a) Circule os verbos dessas frases.

b) Quantos verbos você localizou em cada frase?
_____

c) Reescreva as frases no quadro. Na primeira linha, copie a parte que antecede o termo destacado. Na segunda linha, copie o restante.

| | |
|---|---|
| Trecho 1 | _____ <br> _____ |
| Trecho 2 | _____ <br> _____ |

d) Para que servem os termos destacados?
_____
_____

> As palavras destacadas têm a função de ligar duas partes de uma frase e são chamadas de **conjunções**.

**2** Complete estes trechos com as conjunções do quadro. Atente ao sentido das partes que os compõem.

> se   mas   e

a) "Em seguida estava o posto de comando, _____ não pude ver os equipamentos [...]."

b) "Eles indicam nossa posição _____ o curso que estamos no oceano."

c) "_____ me permitir, professor, visitaremos a popa do *Nautilus*."

**3** Nas frases da atividade anterior, o que as conjunções indicam? Marque a resposta certa.

a) No item **a**, a conjunção indica:
- ☐ oposição entre as duas partes da frase.
- ☐ adição à primeira parte da frase.
- ☐ condição para que algo ocorra.

b) No item **b**, a conjunção indica:
- ☐ oposição entre as duas partes da frase.
- ☐ adição à primeira parte da frase.
- ☐ condição para que algo ocorra.

c) No item **c**, a conjunção indica:
- ☐ oposição entre as duas partes da frase.
- ☐ adição à primeira parte da frase.
- ☐ condição para que algo ocorra.

> As conjunções são empregadas de acordo com a relação que indicam entre as partes do texto, que pode ser de oposição, causa, explicação, adição, condição, entre outras.

## Advérbio

**1** Releia agora outros dois trechos e observe as palavras destacadas.

**Trecho 1**
Eu **não** retorno, é o *Nautilus* que retorna.

**Trecho 2**
Eu os tenho **sempre** diante dos meus olhos.

◆ Sem as palavras destacadas, o sentido dos verbos seria alterado?

_____

_____

**2** As palavras **não** e **sempre** são **advérbios**. Pensando nas atividades que você acabou de fazer, qual das afirmações explica melhor o que é um advérbio?

☐ Advérbio é a palavra que modifica um verbo.

☐ Advérbio é a palavra que liga um verbo a um adjetivo.

**3** Nos trechos a seguir, também há advérbios. Identifique-os e sublinhe-os.
a) "Depois, uma porta se abriu para a cozinha."
b) "Segui o capitão Nemo através dos corredores [...]."
c) "Mas não uso nada disso, meu sistema é mais prático [...]."

**4** O que os advérbios que você sublinhou na atividade anterior indicam?
a) No item **a**:

☐ tempo. ☐ lugar. ☐ modo.

b) No item **b**:

☐ modo. ☐ tempo. ☐ lugar.

c) No item **c**:

☐ afirmação e dúvida. ☐ negação e intensidade.

> O **advérbio** modifica um verbo, um adjetivo, outro advérbio ou uma frase. Os advérbios exprimem as circunstâncias de uma ação.

## Um pouco mais sobre

### Ficção científica

Uma das primeiras obras consideradas ficção científica foi *Frankenstein*, escrita pela autora inglesa Mary Shelley e publicada em 1818. O livro conta a história de um cientista que cria um monstro em seu laboratório.

Viagens espaciais, viagem no tempo, encontro com alienígenas, utopia (descrição de uma sociedade ideal, justa) e distopia (o contrário de utopia) são temas recorrentes nos livros, filmes e séries de ficção científica.

Os filmes *Star Wars* e *ET, o extraterrestre*, são exemplos do sucesso da ficção científica. *Star Wars* conta a história de guerras intergaláticas que acontecem em tempos que não são determinados. Já *ET* narra a amizade que se formou entre três irmãos e um extraterrestre que teve de ficar por uns dias no planeta Terra.

▶ Atribuído a Richard Rothwell. *Escritora Mary Shelley*, 1843-1845. Óleo sobre cartão, 29,8 cm × 24,7 cm.

▶ Cena do filme *Star Wars*, de 1977.

▶ Cena do filme *ET, o extraterrestre*, de 1982.

1. Você gosta de histórias de ficção científica? Se sim, tem alguma favorita? Qual?

2. Se você fosse escrever uma história de ficção científica, que assunto escolheria?

### Aí vem história

Você imagina como surgiu o Universo e como a vida conseguiu se desenvolver na Terra? Leia o texto da página 251 e saiba um pouco mais sobre essas questões.

## Texto 2 — Resenha crítica

1. Você costuma ler livros ou assistir a filmes que seus amigos indicam?

2. Como você convence alguém a assistir a um filme ou a ler um livro de que você tenha gostado muito?

3. Leia o texto a seguir, que apresenta a opinião de uma pessoa a respeito de um livro.

**O menino do pijama listrado**

Cleber Fabiano da Silva

Com a boca em formato de O... É exatamente assim que ficará o leitor de *O menino do pijama listrado*, do irlandês John Boyne (2007), ao conhecer a história de Bruno. Mais surpreso ainda quando ele resolver atravessar a cerca e interagir com o ponto que virou uma mancha, um vulto, uma pessoa, um garoto. Na companhia dos dois, o leitor reconhecerá um tempo e um espaço bastante conhecidos, mas sensivelmente revisitados pelo apuro de olhares entrecortados, de discursos fragmentados, de perigosas descobertas.

Construído com uma linguagem atraente e cenas discretamente descritas, torna-se praticamente impossível com quaisquer argumentos recomendar o livro, uma vez que o jogo literário está justamente nos descortinamentos, nos meandros da história que nos convida a vestir nosso pijama listrado e escolher entre um sonho possível ou viver um caso perdido.

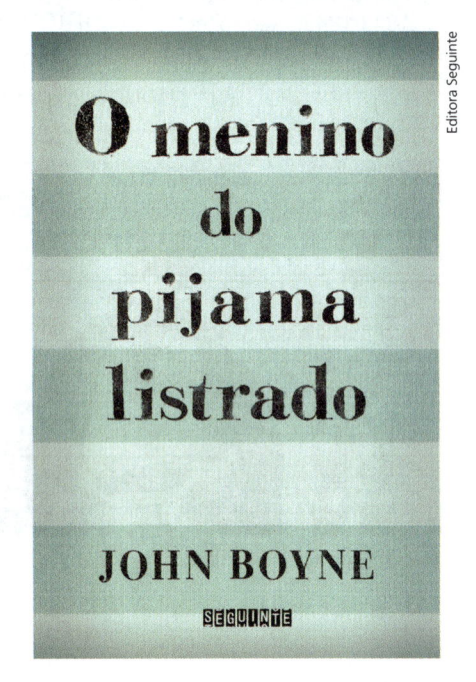

Alencar Schueroff e Sueli de Souza Cagneti (Org.). *Livro dos livros – Resenhas do PROLIJ*. Joinville: Editora Univille, 2010. p. 91.

### Glossário

**Apuro:** perfeição, esmero.
**Descortinamento:** revelação, descobrimento, percepção.
**Discretamente:** de forma que não chame a atenção.
**Entrecortado:** dividido, interrompido em partes.
**Fragmentado:** quebrado, fracionado.
**Meandro:** complicação, complexidade.

# Estudo do texto

**1** Responda às perguntas a seguir.

a) O texto foi escrito para falar de que obra?

_____

b) Sobre o que é a obra de que o texto fala?

_____

_____

c) Quem é o autor dessa obra?

_____

d) Por que é importante que uma resenha contenha informações como essas?

_____

_____

**2** As sinopses que você estudou na Unidade 3 também contêm informações sobre a obra de que tratam. Qual é, então, a diferença entre a sinopse e a resenha crítica?

_____

_____

> As **resenhas críticas**, assim como as sinopses, contêm informações essenciais da obra e um resumo ou uma apresentação dela.

**3** Releia o início da resenha crítica.

Com a boca em formato de O... É exatamente assim que ficará o leitor de *O menino do pijama listrado*.

a) Explique, com suas palavras, o sentido desse trecho.

_____

_____

171

b) Copie o trecho que comprova sua resposta.

_____

_____

_____

**4** O trecho que corresponde à resposta do item **b** da atividade anterior fala da aproximação dos dois garotos.

a) Que palavras confirmam isso? Por quê?

_____

_____

_____

b) O que significa dizer que o leitor estará "na companhia dos dois" meninos?

_____

_____

_____

**5** No texto, circule os adjetivos e sublinhe os advérbios.

a) Em comparação com as sinopses que você estudou na Unidade 3, a resenha crítica tem:

☐ muitos adjetivos e advérbios.

☐ poucos adjetivos e advérbios.

b) Por que ocorre isso em uma resenha crítica?

_____

_____

_____

> Além do resumo da obra (livro, filme, *show*, peça de teatro etc.), a resenha crítica mostra a análise e a **opinião** do autor sobre ela. A opinião pode ser positiva ou negativa.

# Estudo da escrita

## Por que, porque, por quê, porquê

**1** Leia a tirinha a seguir.

> POR QUE É SEPARADO?
>
> PORQUE NÃO É JUNTO!
> MAS POR QUÊ?
>
> O PORQUÊ EU NÃO SEI!

Alexandre Beck.

a) É possível identificar o assunto no qual o menino está interessado? Por quê?

_____

_____

b) O diálogo termina com a resposta que o menino esperava? Explique.

_____

c) Observe a pontuação das falas do menino e responda: O que há em comum entre o primeiro e o segundo quadrinhos?

_____

d) Releia as frases a seguir e observe os termos destacados.

   **I. Por que** é separado?  **II. Porque** não é junto!

   ◆ Qual é a diferença entre os termos destacados?

_____

_____

> **Por que** é usado no início de perguntas. Exemplo: Por que o mar é azul?
>
> **Porque** é usado para explicar algo e é empregado em respostas. Exemplo: O mar é azul porque as partículas do fundo do mar refletem a cor azul ao receber luz solar.

e) As palavras "por" e "quê" (com acento) aparecem em que frases? Escreva-as abaixo.

_____

f) Que diferença há entre as duas frases? Marque a alternativa correta.

☐ As duas frases são uma pergunta.

☐ As duas frases são uma resposta.

☐ A primeira frase é uma pergunta; a segunda é uma resposta.

> **Por quê**, escrito separado e com acento no **quê**, é usado em final de perguntas. Já **porquê**, junto e acentuado, tem o mesmo sentido de **motivo** (não sei o porquê → não sei o motivo) e é usado sempre que antes dele for necessário o artigo **o**.

**2** Reescreva as frases, usando **por que** no lugar de **por quê**.

a) Os animais não foram para o lago por quê?

_____

_____

b) Bruno comprou o bilhete errado por quê?

_____

_____

c) A manhã estava cinza por quê?

_____

_____

**3** Complete as frases usando corretamente **por que, porque, por quê** ou **porquê**.

a) _____ o capitão construiu o *Nautilus*?

b) Não sei o _____ do interesse do professor Aronnax.

c) O menino atravessou a cerca _____?

d) O menino usava pijama _____ era obrigatório.

## Produção de texto

### Resenha crítica

Você escreverá uma resenha crítica. Pode ser de um livro que já leu ou que foi trabalhado em sala de aula, um espetáculo ou filme a que assistiu recentemente. As resenhas ficarão expostas na sala de aula.

**Planejamento e escrita**

1. Se for possível e necessário, releia o livro ou reveja o filme para lembrar detalhes da obra.
2. Anote as informações da obra: título, quem é o responsável por ela (autor, diretor, intérprete etc.), ano de lançamento ou publicação etc.
3. Faça um resumo da obra. Pode ser que o leitor de seu texto não a conheça, então selecione os aspectos mais relevantes de acordo com seu ponto de vista.
4. Depois do resumo, escreva sua opinião sobre a obra e explique o motivo dessa avaliação.
5. Não se esqueça de empregar adjetivos e advérbios para explicá-la.
6. Divida sua resenha crítica em pelo menos três parágrafos.
7. Dê um título à resenha crítica e assine-a.

**Revisão e reescrita**

Depois que o rascunho estiver pronto, revise o texto considerando as perguntas a seguir.

- A resenha crítica contém um resumo da obra?
- Nela há informações da obra?
- Você escreveu sua opinião sobre a obra?
- Você justificou sua opinião?
- Foram usados adjetivos e advérbios?
- Sua opinião a respeito da obra está clara?
- Você deu um título à resenha crítica?
- Você assinou a resenha crítica?
- A pontuação foi empregada de forma adequada?
- As palavras foram escritas corretamente?

Ajuste o que for necessário ao passar o texto a limpo.

Ao término da atividade, ajude o professor a organizar um mural com as resenhas da turma.

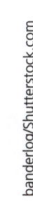

## Oralidade

### Resenha crítica

Na seção anterior, você escreveu uma resenha crítica de um produto cultural de que gostou. Agora produzirá um vídeo a respeito de uma leitura que tenha feito.

**Preparação**

1. Antes de iniciar a atividade, pesquise vídeos em que pessoas comentam a leitura que fizeram de algum livro. Esses vídeos podem ser encontrados em plataformas de vídeos ou em *blogs* de leitura na internet.
2. Assista aos vídeos quantas vezes quiser e faça anotações sobre a estrutura da apresentação do livro no vídeo. Para isso, você pode se guiar pelas questões a seguir.

- Quem são as pessoas que participam dos vídeos?

_____

- Quais são os conteúdos dos vídeos?

_____

_____

- Como é a linguagem usada nesses vídeos? É formal ou informal? É fácil ou difícil de ser entendida?

_____

_____

- De que maneira estão organizados os espaços ou cenários? Eles estão relacionados com o conteúdo dos vídeos?

_____

**Elaboração**

Agora é sua vez de produzir um vídeo. Siga os seguintes passos.

1. Escolha um livro para ler ou um que você já tenha lido. Peça ajuda ao professor, ao responsável pela biblioteca da escola ou a seus familiares, que podem ter boas sugestões.
2. Escreva uma resenha crítica seguindo as orientações vistas na seção anterior.
3. Escolha um espaço bem iluminado e silencioso para gravar o vídeo.
4. Grave o vídeo utilizando o roteiro como base.

**Roteiro de gravação**

- Apresente o título do livro e o autor da obra.
- Explique a capa e faça comentários sobre o tipo de ilustração que aparece ao longo do livro, quando houver.
- Fale de suas motivações para a escolha do livro (foi indicação de um amigo, de um parente, do professor?).
- Faça apreciações afetivas: diga se gostou e por quê.
- Leia um trecho de que tenha gostado muito. Escolha previamente o trecho e treine bastante a leitura.
- Recomende a leitura aos colegas e justifique sua recomendação.

5. É importante memorizar as informações para não precisar ler durante a gravação do vídeo.

**Dicas para a gravação do vídeo**

- **Linguagem:** o público de seu vídeo serão os colegas da escola; então, use uma linguagem que eles possam compreender. Procure estabelecer uma "conversa" com quem assiste ao seu vídeo.
- **Áudio:** escolha um local com pouco barulho e onde você não será interrompido durante a gravação. Deixe o microfone próximo da boca.
- **Câmera:** a câmera do celular pode servir para gravar o vídeo. Use um tripé para mantê-la fixa; se não tiver um, improvise. O importante é que ela não se mexa nem caia durante a gravação.
- **Iluminação:** há vários equipamentos utilizados por *vloggers* (pessoas que postam vídeos na internet) para dar mais qualidade às produções. Caso você não tenha um equipamento de iluminação, pode aproveitar a luz do dia e um espaço bem iluminado em sua casa ou na escola.

**Edição e publicação do vídeo**

1. Caso você deseje, pode editar o vídeo. Há diversos *softwares* de edição disponíveis *on-line* e *off-line*. Muitos computadores, inclusive, já vêm com esses programas instalados.
2. Compartilhe seu vídeo com os colegas e peça ajuda ao professor para publicá-lo no *site* da escola ou em um *blog* criado pelo professor.

## Revendo o que aprendi

Releia o trecho a seguir, retirado do **Texto 1**, para fazer as atividades de 1 a 7.

Passamos por um camarote onde Ned e Conselho eram servidos de uma bela refeição. Depois, uma porta se abriu para a cozinha. Em seguida estava o posto de comando, **mas** não pude ver os equipamentos, **pois** a porta estava fechada. Ao fundo, outra parede divisória **e**, então, a casa de máquinas. Adentrei um compartimento onde o capitão Nemo – sem dúvida um engenheiro de primeira linha – instalara seus aparelhos de locomoção.

**1** Por que o professor não consegue ver os equipamentos mesmo do posto de comando?

_____
_____

**2** Copie a frase que justifica sua resposta à atividade anterior.

_____

**3** Marque a opção correta sobre as palavras destacadas.

☐ As palavras destacadas são conjunções, elas têm a função de unir partes de um texto.

☐ As palavras destacadas são artigos, eles ajudam a organizar melhor o texto.

☐ Todas as palavras são verbos, ligados por conjunções a uma única frase.

☐ As palavras que estão destacadas desempenham a função de substantivo, pois ligam termos em uma frase.

**4** Que ideia exprimem estas palavras?

a) E: _____.

b) Mas: _____.

c) Pois: _____.

**5** A palavra **pois** pode ser trocada por:

☐ por que.   ☐ por quê.   ☐ porque.   ☐ porquê.

**6** Sublinhe os advérbios do trecho.

**7** O que os advérbios sublinhados indicam?
_____

**8** Observe as imagens e crie uma frase para cada uma. As frases devem conter ao menos um advérbio.

_____
_____
_____

_____
_____
_____

_____
_____
_____

**9** Complete as frases a seguir com **porque**, **porquê**, **por que** ou **por quê**.

a) O filme a que você assistiu é bom? _____?

b) Todos leram e falaram a mesma coisa, não sei o _____.

c) _____ você não mostra este livro para todo mundo?

d) Eu só lhe emprestei o livro _____ ele me pediu.

e) Lucas não soube explicar o _____ de ele ter faltado.

**10** Marque a afirmação correta sobre a narrativa de ficção científica.

☐ A narrativa de ficção científica sempre envolve robôs que pretendem destruir a Terra.

☐ A narrativa de ficção científica baseia-se, muitas vezes, em pesquisas científicas.

☐ As histórias de ficção científica sempre ocorrem no fundo do mar, com submarinos.

**11** Qual é o elemento que diferencia a narrativa de ficção científica das outras narrativas?

_____

_____

**12** Sobre a resenha crítica, marque **V** para as afirmações verdadeiras e **F** para as falsas.

☐ A resenha crítica apresenta a opinião do autor sobre uma obra.

☐ A resenha crítica deve conter informações essenciais da obra que está sendo resenhada (como título, autoria, data), além de um resumo da história.

☐ A resenha crítica é igual à sinopse, pois contém as informações básicas de uma obra e um resumo dela.

**13** Escreva outra característica de uma resenha que não foi indicada na atividade anterior.

_____

**14** Explique, com suas palavras, as principais diferenças entre sinopse e resenha crítica.

_____

_____

_____

## Para ir mais longe

### Livro

▶ **Viagem ao centro da Terra**, de Júlio Verne. Tradução de Cláudio Fragata. São Paulo: FTD, 2013.

O cientista alemão Otto Lidenbrock encontra, dentro de um manuscrito em islandês, um pergaminho criptografado do século XVI com a revelação de que há uma cratera em um extinto vulcão na Islândia que possibilita alcançar o centro da Terra. Essa descoberta o leva a uma expedição com o sobrinho Axel e o guia local Hans.

### Filmes

**Trilogia De volta para o futuro**

Uma das trilogias mais famosas e clássicas do cinema, os filmes narram as viagens no tempo do cientista Dr. Brown e seu amigo Marty McFly. Eles vão para o passado, para o futuro, para o passado de novo...

▶ **De volta para o futuro**. Direção de Robert Zemeckis. Estados Unidos: Universal Pictures, 1985, 116 min.

▶ **De volta para o futuro 2**. Direção de Robert Zemeckis. Estados Unidos: Universal Pictures, 1989, 107 min.

▶ **De volta para o futuro 3**. Direção de Robert Zemeckis. Estados Unidos: Universal Pictures, 1990, 119 min.

▶ **A família do futuro**. Direção de Stephen J. Anderson. Estados Unidos: Disney, 2007, 102 min.

Lewis é um grande inventor. Sua última invenção é roubada e ele recebe a visita de Wilbur, que o leva a uma viagem no tempo e o ajuda a recuperar sua mais nova criação.

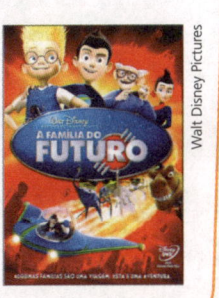

## UNIDADE 8
# Exemplos de vida

- O que o homem e a mulher representados na imagem estão fazendo?
- O que você sabe da época de seus avós? Dê exemplos de coisas que são comuns hoje e que não existiam antigamente.

# Livro de memórias

A turma elaborará um álbum de memórias! Para isso, você precisa fazer o desenho de uma fotografia antiga de família. Escolha uma fotografia em que apareçam você e pessoas de sua família, ou vocês em uma viagem, uma festa de aniversário etc. O importante é que a imagem escolhida traga a lembrança de um fato passado.

O professor providenciará folhas de papel coloridas para o álbum. Cole em uma delas o desenho. Depois, na página ao lado, você colará o texto que será produzido no final da unidade.

1. Você gostou de fazer a primeira parte do álbum? O que você sentiu ao ver fotografias antigas e relembrar acontecimentos do passado?

2. Os adultos de sua família costumam contar histórias quando se reúnem? Se sim, de que tipo?

3. Você lerá um trecho do livro *Os olhos cegos dos cavalos loucos*, do escritor Ignácio de Loyola Brandão. O que você espera ler em um texto com esse título?

## Texto 1 — Relato de memória

**A oficina de marceneiro, lugar mágico**

[...]

Estávamos de férias. Era quando vovô passava o tempo a nos fazer brinquedos com as sobras de madeira. Calados, olhando uns para os outros, como que perguntando: "O que foi? Quem foi?". Fiquei aflito, sabia que tinha feito alguma coisa ruim. Mas será que tão ruim?

Adorava meu avô José, marceneiro, pai do meu pai. Tinha seu barracão nos fundos da casa. Lugar mágico que cheirava a madeira, cola, verniz, serragem, [...] óleo de máquina. Na hora de brincar, meus primos e eu corríamos à oficina para ver se havia um pedaço de madeira sobrando, um toquinho, tábuas, pedaços de ripa e de caibro, restos de madeira que vovô usava ao fazer móveis. Qualquer pau que pudesse se passar por locomotiva, caminhão, cavalo, elefante, casa, estação, posto de gasolina, igreja, chafariz. Eu olhava para a madeira e sabia: esta é a casa do médico, aquela a delegacia, essa outra era uma carroça; a tábua pode ser armazém; o toco maior, a igreja. Era só pensar "Este pau é vagão, casa, homem, bicho, locomotiva, avião", e depois virava aquilo que a gente queria.

Por toda parte, embaixo da bancada de trabalho e nas paredes da marcenaria, havia prateleiras que ameaçavam cair, cheias de caixas de todos os tamanhos. Caixas que vovô mesmo fazia para guardar pregos, parafusos, tachinhas, alicates, sovelas, lixas, porcas, rolimãs, brocas, carbonos, lápis quadrado vermelho de marceneiro, latinhas de cola e de verniz, anilinas para colorir objetos, tesourinhas, navalhas, formões, grosas, limas, serrinhas.

[...]

A caixa vermelha, brilhante, empoeirada, lá no fundinho, era proibida. Sabíamos. Mas queríamos abrir, ver. "Não pode, não pode", era o que a gente ouvia. [...]. Eu vivia perguntando a vovó Branca:

— O que tem na caixa que a gente não pode mexer?

— Coisas do seu avô.

— Por que a gente não pode ver?

— Ele não quer.

— Não quer por quê?

— Não quer porque é uma coisa importante para ele.

— Importante por quê?

[...] O que fiz? Os dias passavam, o cerco apertava. Vovó olhava para cada um de nós, assuntando. Eu desviava o olhar, tinha medo de me comprometer. Deixei de ir lá, passava rápido, nem ia à oficina. Teria de esperar pela temporada das bolinhas de gude. Ainda demoraria.

Havia temporada para tudo – empinar papagaio ou pipa, brincar de esconde-esconde, meia-noite, caça aos besouros, caça às marias-fedidas, pião, rodar pneu, andar de carrinho de rolimã, fazer corrida de patinete, catar içá-bundudo, jogar tampinha de cerveja, vender dobradura de papel, fazer concurso de adivinhação, encher álbum de figurinhas. E jogar bolinha de gude. Agora, eu precisava esperar e me preparar, porque sabia mais ou menos onde estava cada uma das bolinhas que havia perdido. O Nerevaldo tinha muitas com ele. Vencia todo mundo, era um craque. Ganhar do Nerevaldo? Impossível.

Para recuperar as bolinhas, precisava treinar muito, ficar com o fino na pontaria, e foi isso que fiz por dias e dias no quintal e nas calçadas. Fui de calçada em calçada; os jogos eram diante da casa de cada menino, território que Nerevaldo conhecia bem, era ali que ele desafiava e jogava. Só que havia pouca gente jogando, não era mesmo época. As calçadas da cidade eram feitas de pedras rosadas, irregulares, do jeito que saíam das pedreiras – ainda com as marcas dos dinossauros, diziam as professoras. Dinossauros que tinham vivido na cidade há milhões de anos. Eu não entendia essa história, nem imaginava o que pudesse ser milhões de anos.

Ignácio de Loyola Brandão. *Os olhos cegos dos cavalos loucos*. São Paulo: Moderna, 2014. p. 15-16, 18-19.

**Quem escreveu?**

O escritor **Ignácio de Loyola Brandão** começou a carreira como repórter do jornal *Última Hora*, em 1957. É autor de mais de 20 livros, entre romances, contos, crônicas, memórias e obras infantojuvenis.

**Glossário**

**Assuntar:** prestar atenção, observar.
**Ficar com o fino:** ficar perfeito, com muita qualidade.

# Estudo do texto

**1** Releia os trechos a seguir.

**Trecho 1**

[...] O que fiz? Os dias passavam, o cerco apertava. Vovó olhava para cada um de nós, assuntando. Eu desviava o olhar, tinha medo de me comprometer. Deixei de ir lá, passava rápido, nem ia à oficina. Teria de esperar pela temporada das bolinhas de gude. Ainda demoraria.

**Trecho 2**

[...] Calados, olhando uns para os outros, como que perguntando: "O que foi? Quem foi?". Fiquei aflito, sabia que tinha feito alguma coisa ruim. Mas será que tão ruim?

**Trecho 3**

[...] Agora, eu precisava esperar e me preparar, porque sabia mais ou menos onde estava cada uma das bolinhas que havia perdido. [...]
Para recuperar as bolinhas, precisava treinar muito, ficar com o fino na pontaria, e foi isso que fiz por dias e dias no quintal e nas calçadas.

a) No Trecho 1, o autor menciona o modo que ele se comportou naquelas férias. Qual foi esse comportamento?

_____

_____

b) Essas atitudes revelam que:

☐ o autor sentia-se culpado em relação a algo que tinha feito.

☐ o autor não se sentia culpado em relação a algo que tinha feito.

c) No Trecho 1 e no Trecho 2 há frases que confirmam a resposta do item **b**. Sublinhe-as.

**2** Considerando a leitura do texto e as respostas da atividade anterior, responda: O que o autor do relato fez?

_____

_____

**3** Releia os trechos da atividade 1 prestando atenção aos verbos.

a) Em que tempo a maioria dos verbos está?

_____

b) Por que esse tempo verbal ocorre mais?

_____

_____

**4** O texto é narrado em que pessoa? Por quê?

_____

_____

_____

**5** Releia o trecho a seguir.

Caixas [...] para guardar pregos, parafusos, tachinhas, alicates, **sovelas**, lixas, porcas, rolimãs, **brocas**, carbonos, lápis quadrado vermelho [...], latinhas de cola e de verniz, **anilinas** para colorir objetos, tesourinhas, navalhas, **formões**, **grosas**, **limas**, serrinhas.

a) Consulte o dicionário e anote o significado das palavras destacadas.

_____

_____

_____

_____

_____

_____

_____

_____

**b)** A que as palavras destacadas estão relacionadas?

☐ À profissão do avô do autor.

☐ À profissão de Ignácio de Loyola.

☐ Aos objetos dentro da caixa vermelha.

**c)** Além das palavras destacadas, quais outras remetem ao que você respondeu no item **b**? Sublinhe-as.

**6** Nos dois últimos parágrafos do trecho, o autor afirma que "havia temporada para tudo".

**a)** O que essa expressão quer dizer?

_____

_____

**b)** Copie do texto as brincadeiras para as quais havia temporada.

_____

_____

_____

_____

> Nos relatos de memória, é comum haver descrição de costumes da época em que se passaram os fatos. No trecho do livro *Os olhos cegos dos cavalos loucos* estudado, por exemplo, conhecemos instrumentos usados por marceneiros e alguns brinquedos e brincadeiras da época em que o autor era criança.

**7** Complete as lacunas com as palavras do quadro.

| passado | primeira | memória | real | vivenciou |

- O relato de _____ *Os olhos cegos dos cavalos loucos* foi escrito por Ignácio de Loyola Brandão. Nesse livro, o autor relata um episódio _____ que ele _____. O texto foi escrito na _____ pessoa do discurso, no tempo _____.

# Estudo da escrita

## Uso de **meio** e **meia**

**1** Leia o cartum ao lado.

Bira.

a) A mulher chega ao restaurante e diz que está "meio nervosa". Você concorda com a afirmação dela? Explique.

b) Além da fala da mulher, o que revela que ela está nervosa?

c) Por que o homem oferece "meia" xícara de chá de camomila à mulher?

**2** Releia as falas dos balões e faça o que se pede.

a) Reescreva a fala do homem trocando a palavra "xícara" por "copo". Faça as modificações necessárias.

_____

b) Que mudança ocorreu?

_____

c) Agora imagine que quem chegou nervoso foi o homem. Como fica a frase?

_____

d) Nessa reescrita, que palavra você alterou?

_____

> Quando a palavra **meio** for empregada no sentido de "um pouco" ou "mais ou menos", ela não varia. Quando estiver no sentido de "metade", ela indica quantidade e varia para se adequar à palavra a que se refere.

## Uso de **em cima** e **embaixo**

**1** Releia este trecho do **Texto 1**.

> Por toda parte, **embaixo** da bancada de trabalho e nas paredes da marcenaria, havia prateleiras que ameaçavam cair, cheias de caixas de todos os tamanhos. [...]

a) O que significa dizer que as prateleiras "ameaçavam cair"?

_____

_____

b) Escolha a opção que esclarece o sentido da palavra destacada.

☐ Algo que está na parte inferior.

☐ Algo que caiu e está por baixo.

☐ Algo que já foi maior.

c) Reescreva o trecho usando uma das expressões do quadro para indicar que as prateleiras estavam na parte **superior** da bancada.

> em cima    por baixo    do lado

_____

_____

_____

_____

> A palavra **embaixo** indica lugar na parte inferior. Já a expressão **em cima** indica o oposto, na parte superior.

**2** Escreva um diálogo usando os termos **em cima** e **embaixo**.

_____

_____

_____

## Texto 2 — Diário pessoal

1. Você costuma escrever sobre seu cotidiano? Se sim, como faz isso? Com que frequência?

2. Você lerá alguns trechos de um diário pessoal de um adolescente. O que você acha que ele conta no diário?

**O diário (nem sempre) secreto de Pedro**

**Segunda-feira, 2 de março. 7:00**

Acho que puxei minha mãe, que é hipocon-não-sei-o-quê. Preciso tomar calmante. Como não tenho idade, um maracujá serve.

Começo aula hoje. Escolas não deveriam existir no período da manhã. Minha mãe já gritou que se eu não sair deste quarto ela ou arromba a porta ou toma um calmante. Adiantaria dizer que quem precisa sou eu?

**13:15**

Desisti do calmante. Ouvi uma reportagem que fala de um tratamento à base de choque. Preciso de um, rápido. Choque na aula. Esses professores já entram de sola e tudo. Aula disso, aula daquilo. Já sei que vou ser perseguido. Sempre sou. Se não é em Matemática é em Português. Não posso escrever muito. Tenho uma lista de material tão grande para comprar que, emendando, pode até dar a volta ao mundo.
[...]

**Quarta-feira, 4 de março. 8:20 e 40 segundos**

Aula de Português. Querem que eu defenda uma tese – como a de meu pai, acho –, pela quantidade de folhas de sulfite do material individual. Três mil folhas só pra mim. Espero fazer muito aviãozinho em aula. Descobri que a professora de Português namora o professor de Educação Física. Quando ela jogou os livros no chão, ele veio correndo para pegar. Foi muito engraçado quando o cabelo dela enganchou no botão da blusa dele. Não gostaram da minha risada. Senso de humor é proibido na escola.

**Quinta-feira, 5 de março. 12:31**

Meu pai avisou que não viria almoçar nem que o Juca tivesse coqueluche. Mamãe ficou nervosa e bateu o telefone. Fiquei nervoso porque quando ela fica nervosa o almoço sai um grude. Engano. Ela simplesmente o torrou. Fui obrigado a abrir todos os pacotes de bolacha e todos os sacos de batatas fritas. Finalizei com um sanduíche queimado. Tive de aguentar os gritos da mamãe de "Vá limpar a bagunça". Ia dizer que ela é quem tinha queimado, mas não pude. O telefone tocou. Era meu pai avisando que viria almoçar. Tive que tolerar o mau humor da mamãe e virei filho-recado do tipo "Avise seu pai que estou atrasada para a aula e ele que se vire".
[...]

**Sábado, 7 de março. 20:00 e 3 segundos – Lua cheia.**

Pensei em arrepiar o cabelo com gel. Não gostei, depois de várias tentativas. Parecia com o menino-lobo de um filme qualquer de terror ou com um adolescente *punk* de periferia. Tentei fazer o gênero bonzinho – repartido do lado –, mas não gostei. Voltei para o *look* gel, puxado para trás. Fiquei parecido com um amigo do meu pai, que é executivo. Mais de oito horas e o aniversário da Maristela (a minha vizinha da esquerda de carteira) já devia ter começado. Coloquei uma meia branca, um sapato com sola de trator, uma camisa do meu pai (tá certo, ficou quase no joelho) e uma calça que cortei pra ficar só meio *punk*. Fui vaiado quando desci para a sala. Pais não entendem de moda. Falaram que eu parecia um tal de Elvis. Sou um incompreendido.

**Domingo, 8 de março. 11:12 – Chuva.**

Realmente, não fui o sucesso que esperava. Todos estavam com gel no cabelo, camisa do pai, solado tratorado. Até o perfume era igual. Massificação de adolescente. Gente mais sem criatividade. Maristela ficou de papo com o Zeca, só porque o pai dele tem um apartamento no Guarujá. Ele ficou dando em cima dela só porque a Maristela tem uma casa com piscina. Ia dizer que o meu avô tem um sítio em Caçapava, mas achei melhor ficar quieto. Aniversário embalado a coca-cola, salgados, bolo. E eu embalado a ciúmes. Qualquer dia a Maristela percebe que o Zeca é um besta. Aí eu quero ver ela se rastejando aos meus pés.

[...]

**Quarta-feira, 11 de março. 15:00 e 46 minutos – Chuva.**

Olhei meu horóscopo. "Aproveite o dia lindo e saia com o seu amor. Escreva-lhe aquele bilhete apaixonado e pronto. Seu dia será brilhante." Bilhetes, só recebo do verdureiro: "Favor avisar seus pais que a conta está atrasada". Época de recessão, acho. Será que se eu mandasse um bilhete para a Maristela ela responderia? Copiar os do verdureiro não dá. Não tenho nenhuma ideia. Posso começar com "Cara Maristela, quer estudar comigo? Três vezes por semana? Acha pouco? Estou atrasado na Matemática. Pedro".

**Quinta-feira, 12 de março. 10:45 – Recreio.**

Ia mandar o bilhete, mas desisti quando vi o Zeca mandando um bilhete pra ela. O que será que ele escreveu? Aposto que coisas melosas. Continuo achando que daqui a alguns dias ela cairá aos meus pés, implorando que eu pegue sua mão com carinho.

[...]

Telma Guimarães Castro Andrade. *O diário (nem sempre) secreto de Pedro*. 25. ed. São Paulo: Atual, 2009 (Série Entre Linhas: Adolescência). p. 7-11.

### Quem escreveu?

**Telma Guimarães Castro Andrade** já publicou mais de 170 títulos entre livros infantis e juvenis. Começou a carreira em 1979, como professora de Inglês. Desde 1995 dedica-se exclusivamente à literatura.

### Glossário

**Coqueluche:** doença que se caracteriza por fortes ataques de tosse.

**Grude:** comida comum, malfeita.

**Tese:** trabalho de pesquisa apresentado no final de cursos de pós-graduação.

# Estudo do texto

1. Os fatos relatados foram vivenciados por quem? Como é possível saber isso?

   _____

   _____

2. Por que o autor do diário tem dificuldade para falar com Maristela?

   _____

   _____

3. O autor do diário conta que ia mandar um bilhete a Maristela, mas desistiu ao ver Zeca fazendo isso. Complete as lacunas com as informações sobre esse relato.

   - Dia da semana: _____; dia do mês: _____;

     mês: _____; hora: _____; circunstância: _____.

4. Os acontecimentos seguem alguma sequência? Qual?

   _____

5. Como o autor do diário organiza o que escreve?

   _____

   _____

6. A cada momento, quando começa a fazer suas anotações, o autor do diário fala a respeito do que foi dito antes?

   _____

   _____

> O **diário pessoal** contém relatos de acontecimentos vividos por quem o escreve. Por isso, ele é escrito em 1ª pessoa.
>
> Geralmente, esses relatos são feitos na ordem temporal dos acontecimentos e há indicação do dia em que os fatos foram vivenciados e/ou anotados.

**7** Releia o trecho do dia 2 de março referente às 7h da manhã.

a) De acordo com Pedro, o que acontecerá nesse dia? Sublinhe o trecho que confirma sua resposta.

_____

_____

_____

b) Como Pedro se sente a respeito disso? Justifique.

_____

_____

_____

c) Em que período do dia Pedro vai à escola? Circule o trecho que comprova sua resposta.

_____

_____

**8** Em 2 de março, às 13h15, Pedro escreve mais um pouco em seu diário.

a) Por que ele afirma que desistiu do calmante?

_____

_____

b) De acordo com essa parte do diário, o que sempre acontece com Pedro na escola?

_____

c) Como você imagina que Pedro se sente em relação a isso? Explique sua resposta.

_____

_____

_____

**9** Nos trechos lidos, que acontecimentos Pedro relata?

_____

_____

_____

**10** Nesses mesmos trechos, o que mais Pedro descreve?

☐ O relato dos mesmos acontecimentos por outras pessoas.

☐ A opinião de Maristela e de Zeca sobre o primeiro dia de aula.

☐ Os sentimentos e pensamentos dele relacionados aos acontecimentos.

**11** Complete as lacunas com as palavras do quadro.

> emoções   fatos   pensamentos   acontecimentos

- Em um **diário pessoal**, além de _____ do cotidiano, o autor costuma relatar seus _____ e suas _____ em relação a esses _____ .

**12** Que tipo de linguagem Pedro usa no diário dele? Dê um exemplo.

_____

_____

_____

**13** Releia este trecho do diário de Pedro.

Tenho uma lista de material tão grande para comprar que, emendando, pode até dar a volta ao mundo.

a) Esse trecho deve ser entendido exatamente como está escrito? Por quê?

_____

_____

b) Que ideia esse trecho exprime?

☐ Exagero.  ☐ Comparação.  ☐ Repetição.

c) Copie do texto outro trecho que transmita a mesma ideia.

___

> No **diário pessoal**, tudo é escrito como se o autor estivesse conversando com o diário. Por isso, a linguagem é informal e próxima da maneira como falamos no dia a dia com familiares e amigos.

**14** Nos trechos do diário, o que é possível concluir quanto ao que Pedro sente em relação à escola? Explique sua resposta.

**15** Escreva sobre uma situação que você viveu hoje. Faça como Pedro: coloque a data e possíveis circunstâncias do fato. Depois, relate a situação e descreva seus sentimentos e pensamentos a respeito do que aconteceu.

___

### Aí vem história

Leia um trecho do livro *O diário de Helga*, de Helga Weiss, na página 253. É o relato de uma menina que passou parte da infância e da juventude em campos de concentração, durante a Segunda Guerra Mundial.

# Estudo da língua

## Frase

**1** Releia o trecho a seguir, retirado do **Texto 2**.

[...] Choque na aula. Esses professores já entram de sola e tudo. Aula disso, aula daquilo.

a) O que significa dizer que os professores entram "de sola e tudo"?

b) O trecho "aula disso, aula daquilo" poderia ser usado para justificar sua resposta à pergunta anterior? Por quê?

c) Se lêssemos apenas a parte "Choque na aula", que significados poderíamos dar a ela? Explique.

_____

_____

d) O trecho acima pode ser dividido em três partes. Observe a seguir.

   I. Choque na aula.
   II. Esses professores já entram de sola e tudo.
   III. Aula disso, aula daquilo.

   ◆ Marque a opção correta referente a essas partes.

   ☐ As partes I, II e III não têm sentido separadas.

   ☐ Mesmo separadas, cada parte continua com sentido.

> O conjunto de palavras que transmite uma mensagem é chamado **frase**. A frase também pode ser formada por apenas uma palavra.
> Quando há verbo, a frase é **verbal**. Quando não há verbo, a frase é **nominal**.

**2** Classifique as frases da atividade anterior em **verbais** ou **nominais**.

   I. Choque na aula. _____

   II. Esses professores já entram de sola e tudo. _____

   III. Aula disso, aula daquilo. _____

# Discurso direto e discurso indireto

**1** Releia um trecho retirado do **Texto 1**.

[...] "Não pode, não pode", era o que a gente ouvia. [...]. Eu vivia perguntando a vovó Branca:

— O que tem na caixa que a gente não pode mexer?

a) Sublinhe as partes que são falas de alguém.
b) Circule os verbos de elocução usados para anunciá-las ou descrevê-las.
c) Quais sinais de pontuação foram usados para indicar essas falas?

_____

> Para indicar a fala exata de alguém em um texto, é possível utilizar aspas ou travessão. Esse tipo de fala é chamado **discurso direto**.

**2** Agora releia este trecho do **Texto 2**.

Meu pai avisou que não viria almoçar nem que o Juca tivesse coqueluche. [...] O telefone tocou. Era meu pai avisando que viria almoçar. [...]

a) Sublinhe as partes que correspondem a falas de alguém e circule os verbos de elocução usados para anunciá-las.
b) Complete a lacuna.

❖ As falas que você sublinhou referem-se ao _____ de Pedro.

**3** Escreva **V** nas afirmações verdadeiras e **F** nas falsas.

☐ As falas da atividade 2 não são indicadas por sinais de pontuação.

☐ As falas da atividade 2 são as palavras exatas que os personagens disseram.

☐ As falas das duas atividades não contêm verbos de elocução.

☐ As falas da atividade 2 foram contadas de forma indireta.

> Quando um personagem ou narrador conta, usando as próprias palavras, o que alguém disse, temos o chamado **discurso indireto**.
> No discurso indireto, não são empregados travessões ou aspas para indicar as falas.

## Produção de texto

### Relato de memória

Você produzirá um relato de memória. Depois, você e os colegas vão elaborar o livro de memórias da turma. Ele poderá ficar disponível na sala de aula ou na biblioteca da escola para empréstimo dos alunos.

**Preparação**

O primeiro passo para a preparação é olhar novamente o desenho que você fez na atividade da página 184.

O segundo passo é recordar quem participou do episódio que você vai relatar. Lembre-se do máximo possível de características das pessoas envolvidas.

**Elaboração do relato de memória**

Escolha um título interessante e organize as informações em parágrafos.

**Revisão**

Terminada a primeira versão, revise o relato de memória e verifique se: ele tem relação com o desenho que você fez no início desta unidade; conta um fato real que você vivenciou; é relatado em 1ª pessoa; os verbos estão principalmente no passado; as palavras estão escritas corretamente; tem um título interessante.

Depois de finalizar a revisão, faça as alterações necessárias.

**Versão final e produção do livro**

Em uma folha de papel avulsa, passe seu relato de memória a limpo e ajude o professor a organizar o livro de memórias da turma.

## Oralidade

### Relato de memória

Você fará, agora, uma apresentação oral do seu relato de memória.

Prepare-se lendo o relato algumas vezes em voz alta. Se for possível, conte seu relato a alguém de sua família ou leia-o diante do espelho, assim você pode verificar a empostação da voz, se precisa falar mais alto ou mais baixo etc.

Após a preparação, é hora de se apresentar!

### #Digital

## Dicionário colaborativo

Você já pensou em fazer um dicionário? Se cada aluno colaborar com algumas palavras, será possível montar um dicionário da turma.

Leia com atenção o começo de uma crônica escrita por Tatiana Belinky e depois faça as atividades.

http://acervo.novaescola.org.br/fundamental-1/cronica-dona-nicota-634218.shtml

**Crônica para dona Nicota**

Foi nos anos finais da década de 40. (Há tanto tempo!) Meu primogênito Ricardo completara 6 anos de idade, e resolvemos matriculá-lo no primeiro ano primário da Escola Americana [...], que ficava a três quadras da nossa casa. E Ricardinho, que era uma criança tímida e um tanto ensimesmada, não gostou nem um pouco da experiência de ficar "abandonado" num lugar estranho, no meio de gente desconhecida – uma coisa para ele muito assustadora. E não houve jeito de fazê-lo aceitar tão insólita situação. Ele se recusava até mesmo a entrar na sala: ficava na porta, "fincava o pé", sem chorar mas também sem ceder...

Eu já estava a ponto de desistir da empreitada, quando a professora da classe, dona Nicota, se levantou e veio falar conosco. E todo o jeito dela, a maneira como ela olhou para o Ricardinho, o timbre e o tom da sua voz, a expressão do seu rosto e até a sua figurinha baixinha, meio rechonchuda, não jovem demais, muito simples e despojada, causaram imediatamente uma sensível impressão no menino. A tensão sumiu do seu rostinho, seu corpo relaxou, e – ora vejam! – ele respondeu com um sorriso ao sorriso da dona Nicota!

[...]

Tatiana Belinky. Crônica para dona Nicota. *Nova Escola*, ago. 2004. Disponível em: <http://novaescola.org.br/conteudo/3176/cronica-para-dona-nicota>. Acesso em: 29 maio 2019.

1. Releia o texto e escreva, nas linhas a seguir, pelo menos três palavras que são novas para você. Volte ao texto sempre que necessário.

_____

_____

2. Procure o significado dessas três palavras no *site* indicado pelo professor.
3. Leia o significado de cada palavra e certifique-se de que você o compreendeu.
4. Após a atividade 3, faça um rascunho: escreva as palavras e, ao lado delas, o respectivo significado. Veja um exemplo:

> *Tímido: alguém que tem vergonha de falar com outras pessoas.*

5. Complemente o verbete com um exemplo de como a palavra pode ser usada. Assim:

> *Tímido*
> *Alguém que tem vergonha de falar com outras pessoas.*
> *Ex.: Flávio é tímido, por isso fala pouco.*

_____

_____

_____

_____

6. Digite os verbetes que você elaborou e imprima-os. Depois, recorte cada um deles e entregue-os ao professor. Eles farão parte do dicionário colaborativo da turma.
7. As palavras e as definições podem ser coladas em um painel, de acordo com a orientação do professor.

# Revendo o que aprendi

**1** Leia outro trecho do relato de memória de Ignácio de Loyola Brandão.

No Natal, a festa de família era na casa de vovó Branca. Havia bolos, frango assado, maionese, macarrão. Onde estavam os presentes que vovô dava a cada um de **nós**? A cada Natal, ele fazia alguma coisa para cada um. Conhecia cada neto, cada vontade, cada gosto. Nunca errava – os brinquedos eram a **nossa** cara. Colocaram o Menino Jesus na manjedoura, e você, vovô, veio com uma caixa enorme. [...]

Você **me** estendeu a caixa vermelha de verniz brilhante. Sorriu. Ah, vovô, por que sorriu? Você sempre soube.

Ignácio de Loyola Brandão. *Os olhos cegos dos cavalos loucos*. São Paulo: Moderna, 2014. p. 58.

a) O que o autor relata nessa parte do texto? Explique.

_____

_____

b) O autor finaliza esse trecho com uma pergunta e uma resposta a ela. Explique a relação entre elas.

_____

_____

_____

c) O que as palavras destacadas revelam sobre o narrador do texto?

_____

_____

d) Nesse trecho, todos os verbos estão no tempo passado. Por quê?

_____

_____

**2** Leia outro trecho do livro *O diário (nem sempre) secreto de Pedro*.

**Sábado, 21 de março. 10:47 – Sol.**
Sem saída. Vamos almoçar na casa do tio Antônio e da tia Augusta. Deve ser churrasco queimado, pra variar. Tio Antônio sempre fica falando de política e esquece a carne na churrasqueira. O pior é aguentar todos aqueles cachorros no quintal. Tia Augusta fica me dando serviço, pensa que sou empregado: "Vai lá, querido, leva uma carninha para eles". Sem o querido eu até levaria. Gosto dos cachorros. Só não gosto quando ficam me lambendo a orelha. [...]

Telma Guimarães Castro Andrade. *O diário (nem sempre) secreto de Pedro*. 25. ed. São Paulo: Atual, 2009 (Série Entre Linhas: Adolescência). p. 13.

a) Por que o menino não gosta de ir aos churrascos de família?

☐ Porque ele não gosta de churrasco.

☐ Porque ele não se relaciona bem com os primos.

☐ Porque seu tio deixa a carne queimar e sua tia lhe dá serviço.

b) Quando Pedro escreveu esse trecho? Como estava o tempo?

_____

_____

c) No trecho, há uma fala em discurso direto. Sublinhe-a.

d) Por que podemos dizer que a passagem está em discurso direto?

_____

_____

e) Reescreva a fala em discurso indireto.

_____

_____

f) Copie do trecho uma frase verbal.

_____

_____

g) Copie do trecho uma frase nominal.

_____

**3** Escolha a opção que melhor explica a diferença entre o **Texto 1** e o **Texto 2** em relação ao tempo em que os fatos ocorreram.

☐ No **Texto 1**, os fatos informados aconteceram há muito tempo. No **Texto 2**, os fatos já aconteceram, mas há pouco tempo.

☐ Não há diferença entre os dois textos, pois ambos são narrados em 1ª pessoa, ou seja, o autor escreve e vive o que está dizendo.

☐ Os dois textos são narrados em 1ª pessoa e no presente, pois os fatos informados estão acontecendo.

**4** Elabore duas frases: uma usando **meio** e outra usando **meia**.

_____
_____
_____
_____

**5** Observe as imagens a seguir e complete as legendas.

O gato está _____ da mesa.

O gato está _____ do guarda-chuva.

**6** Complete as frases a seguir com **em cima** ou **embaixo**.

a) O menino deixou o bilhete _____ da mesa.

b) A bola de gude foi parar _____ do sofá.

c) Ficar _____ da árvore é perigoso.

d) _____ da casa havia um porão enorme.

## Para ir mais longe

### Livros

▶ **Destrua este diário**, de Keri Smith. Rio de Janeiro: Intrínseca, 2013.

Nesse livro, a ilustradora e artista canadense Keri Smith propõe uma série de tarefas lúdicas e inusitadas, como jogar café no livro ou escrever uma palavra diversas vezes. A ideia é exercitar a criatividade.

▶ **O diário de Anne Frank em quadrinhos**, de Mirella Spinelli. São Paulo: Nemo, 2017.

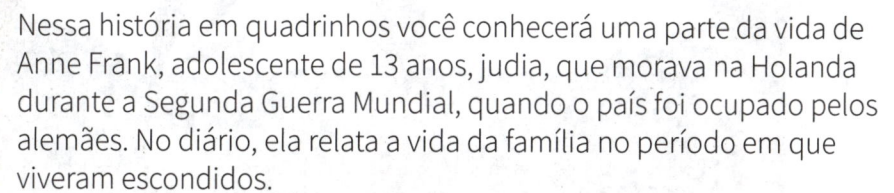

Nessa história em quadrinhos você conhecerá uma parte da vida de Anne Frank, adolescente de 13 anos, judia, que morava na Holanda durante a Segunda Guerra Mundial, quando o país foi ocupado pelos alemães. No diário, ela relata a vida da família no período em que viveram escondidos.

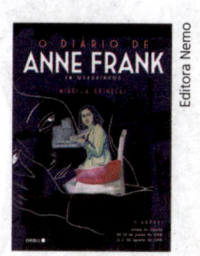

### Filme

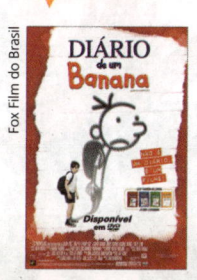

▶ **Diário de um banana**. Direção de Thor Freudenthal. Estados Unidos: Fox Film do Brasil, 2010, 94 min.

Greg é um adolescente de 13 anos que, em seu diário, fala dos problemas que enfrenta em seu cotidiano, como não ser popular na escola. O filme é inspirado no livro de mesmo título, do escritor Jeff Kinney.

### Site

▶ **Museu da Pessoa:** <www.museudapessoa.net/pt>. Acesso em: 18 jun. 2019.

O Museu da Pessoa é um museu colaborativo que abriga relatos de memórias em diferentes mídias: áudios, vídeos, textos, fotografias etc. Nele, é possível encontrar relatos de pessoas famosas e de pessoas "comuns", "desconhecidas". Quem quiser que um relato seu seja divulgado no *site* precisa preencher um cadastro na página inicial.

# UNIDADE 9
## Diferentes maneiras de contar uma história

- Você conhece algum dos personagens que estão na cena? Há algo especial que chamou sua atenção? O quê?
- Quando uma história é contada muitas vezes, será que todos os detalhes dela permanecem iguais?
- É possível mudar o final das histórias?

# Nossa versão

A turma toda criará uma nova versão para uma história conhecida. Cada um deve inventar uma parte dela.

1. O professor contará o início e, em seguida, um aluno dará continuidade à história, e assim sucessivamente.
2. Fique atento ao que foi dito antes de sua vez de falar, pois a sequência tem de fazer sentido em relação ao que já foi contado.
3. Varie a entonação da voz de acordo com o que estiver dizendo.
4. Procure estabelecer diálogos entre os personagens.
5. Crie situações engraçadas para a narrativa coletiva.

Marcos Machado

**1** O **Texto 1** é uma propaganda do Greenpeace. Você já ouviu falar dessa instituição? Se sim, compartilhe o que sabe com os colegas.

**2** No que você pensa e quais são suas sensações ao observar essa propaganda?

# Texto 1 — Propaganda

> Você não quer contar esta história para seus filhos, quer?
>
> Ajude a gente a combater o desmatamento da Amazônia.
>
> Acesse o nosso site www.greenpeace.org.br ou ligue 11 3035 1155.
>
> **GREENPEACE**

Greenpeace/Y&R

## Estudo do texto

**1** Após observar a propaganda, descreva os elementos que a compõem.

a) Imagens: _____

_____

_____

_____

b) Textos: _____

_____

**2** A propaganda remete a um conhecido conto de fadas. Qual é? Justifique sua resposta.

_____

_____

**3** Aponte algumas diferenças entre a imagem da propaganda e a floresta do conto de fadas.

_____

_____

_____

**4** Qual é o objetivo da propaganda ao mostrar uma "floresta" tão diferente daquela do conto de fadas?

_____

_____

> Os objetivos de uma **propaganda** incluem apresentar uma ideia às pessoas e convencê-las a adotar um comportamento em relação ao que é mostrado.

**5** Com base em sua resposta à pergunta 4 e no que leu no quadro acima, quais são os objetivos da propaganda do **Texto 1**?

☐ Convencer as pessoas a comprar produtos fabricados na Amazônia.

☐ Conscientizar as pessoas da ocorrência de desmatamento na Amazônia.

☐ Convencer as pessoas a tomar uma atitude em relação ao desmatamento.

**6** Releia a frase da parte de cima da propaganda.
  a) A que essa frase se refere?

  ☐ À história de Chapeuzinho Vermelho.

  ☐ À história de Branca de Neve e os sete anões.

  ☐ À floresta que havia anteriormente e foi destruída, como mostra a imagem da propaganda.

b) Para quem essa propaganda foi feita?

☐ Para qualquer pessoa que ler a propaganda.

☐ Para pessoas que ainda não se conscientizaram a respeito do problema do desmatamento das florestas.

c) Releia esta frase da propaganda e explique-a com suas palavras.

> Você não quer contar esta história para seus filhos, quer?

_____

_____

> A propaganda geralmente inclui uma ou mais frases curtas e impactantes. Em geral, ela é dirigida a um público específico, chamado de público-alvo.

**7** O Greenpeace é a instituição responsável pela propaganda. Como é possível saber isso?

_____

_____

**8** De acordo com a propaganda, como é possível ajudar a instituição a combater o desmatamento da Amazônia?

_____

_____

**9** Imagine que nessa propaganda houvesse apenas frases. Ainda seria possível compreender sua mensagem? Por quê?

_____

_____

_____

> A propaganda é composta de imagem e de palavras, e ambas têm a mesma importância para a construção da mensagem.

## Um pouco mais sobre

### Desmatamento

Leia com atenção os textos a seguir.

**Taxa de desmatamento na Amazônia**

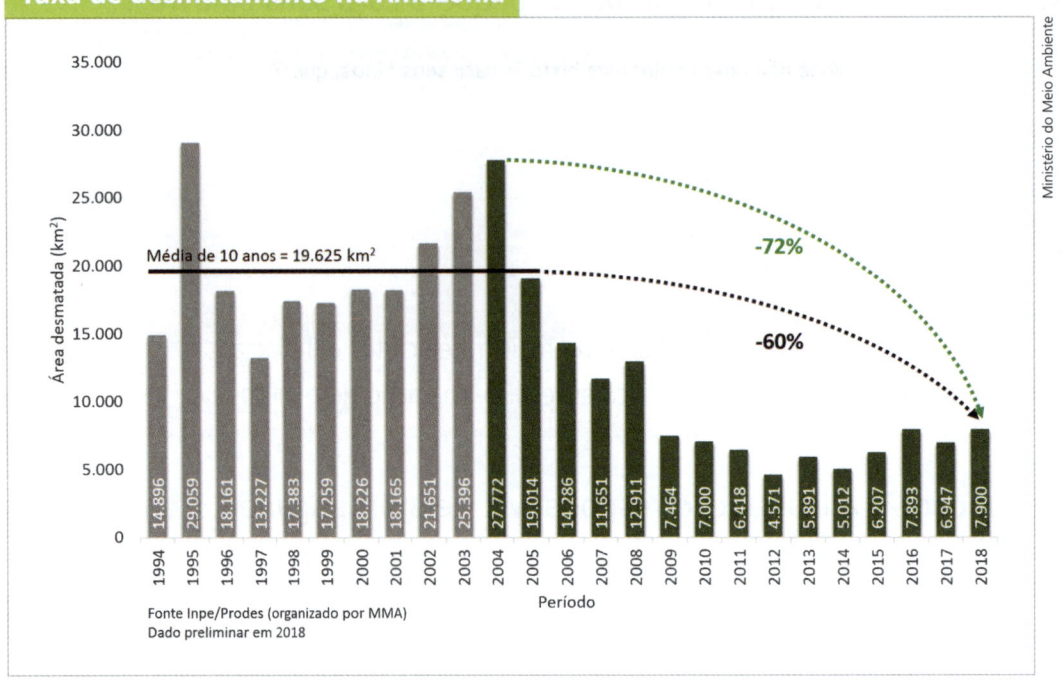

Média de 10 anos = 19.625 km²

| Ano | Área desmatada (km²) |
|---|---|
| 1994 | 14.896 |
| 1995 | 29.059 |
| 1996 | 18.161 |
| 1997 | 13.227 |
| 1998 | 17.383 |
| 1999 | 17.259 |
| 2000 | 18.226 |
| 2001 | 18.165 |
| 2002 | 21.651 |
| 2003 | 25.396 |
| 2004 | 27.772 |
| 2005 | 19.014 |
| 2006 | 14.286 |
| 2007 | 11.651 |
| 2008 | 12.911 |
| 2009 | 7.464 |
| 2010 | 7.000 |
| 2011 | 6.418 |
| 2012 | 4.571 |
| 2013 | 5.891 |
| 2014 | 5.012 |
| 2015 | 6.207 |
| 2016 | 7.893 |
| 2017 | 6.947 |
| 2018 | 7.900 |

-72%
-60%

Fonte Inpe/Prodes (organizado por MMA)
Dado preliminar em 2018

### Distribuição da taxa de desmatamento por estado na Amazônia Legal

| Estado | Taxa de desmatamento em 2017 (km²) | Taxa de desmatamento em 2018* (km²) | Variação na taxa de desmatamento entre 2017 e 2018 (%) | Contribuição na taxa de desmatamento em 2018 (%) |
|---|---|---|---|---|
| Acre | 257 | 470 | 82,9 | 5,9 |
| Amazonas | 1.001 | 1.045 | 4,4 | 13,2 |
| Amapá | 24 | -** | - | - |
| Maranhão | 265 | 281 | 6,0 | 3,6 |
| Mato Grosso | 1.561 | 1.749 | 12,0 | 22,1 |
| Pará | 2.433 | 2.840 | 16,7 | 35,9 |
| Rondônia | 1.243 | 1.314 | 5,7 | 16,7 |
| Roraima | 132 | 176 | 33,3 | 2,3 |
| Tocantins | 31 | 25 | -19,4 | 0,3 |
| Total | 6.947 | 7.900 | 13,7 | 100 |

(*) Dado preliminar
(**) Não foi observado desmatamento.

Fonte: *Atlas geográfico escolar*. 6.ed. Rio de Janeiro: IBGE, 2012. p. 94.

▶ Área desmatada no município de Lábrea, no estado do Amazonas, em fotografia de 2017.

### Glossário

**Amazônia Legal:** área que engloba os estados do Acre, Amapá, Amazonas, Mato Grosso, Pará, Rondônia, Roraima e Tocantins, além de uma parte do estado do Maranhão.

**1** O primeiro texto é um gráfico. Observe-o e responda: Em que anos foram registrados o maior e o menor índice de desmatamento? Que índices foram registrados nesses anos?

_____

_____

_____

**2** De acordo com os dados do gráfico, qual foi a variação na taxa de desmatamento entre 2008 e 2018?

_____

_____

**3** Pesquise, com um colega, o tamanho da área ocupada pelo município onde você mora e compare-o com o número descoberto na questão anterior.

_____

_____

**4** Observe o quadro e escreva na ordem os estados que mais desmataram em 2018.

1º: _____

2º: _____

3º: _____

4º: _____

5º: _____

**5** O estado que mais desmatou em 2018 foi o mesmo de 2017? A taxa de desmatamento desse estado aumentou ou diminuiu de um ano para outro?

_____

_____

_____

# Estudo da escrita

## Uso de mau e mal

**1** Leia os títulos das notícias a seguir.

**Título 1**

> O mau sono de todo dia

*Folha de Londrina*, 20 mar. 2017. Disponível em: <www.folhadelondrina.com.br/saude/o-mau-sono-de-todo-dia-972748.html>. Acesso em: 18 jun. 2019.

**Título 2**

> Dormir mal aumenta o risco de Alzheimer, diz estudo

*Veja*, 17 jul. 2017. Disponível em: <http://veja.abril.com.br/saude/dormir-mal-aumenta-o-risco-de-alzheimer-diz-estudo/>. Acesso em: 18 jun. 2019.

a) Reescreva o Título 1 trocando a palavra destacada por **bem** ou **bom**. Faça as modificações necessárias.

_____

b) "Mau" e "bom" modificam a palavra: _____.

c) As palavras "mau" e "bom" são: ☐ adjetivos.  ☐ advérbios.

d) Agora reescreva o Título 2 trocando a palavra destacada por **bem** ou **bom**. Faça as modificações necessárias.

_____

_____

e) "Mal" e "bem" modificam a palavra: _____.

f) As palavras "mal" e "bem" são: ☐ adjetivos.  ☐ advérbios.

> **Mau** é adjetivo e indica uma qualidade ou característica de um substantivo. É antônimo (o contrário) de **bom**. **Mal** é um advérbio e indica modo. É antônimo (o contrário) de **bem**.

# Uso de **há** e **a**

**1** Leia o título das notícias a seguir.

### Título 1

> **Sem água há três dias, produtores do projeto São João calculam prejuízos**

*G1*, 4 ago. 2017. Disponível em: <http://g1.globo.com/to/tocantins/noticia/sem-agua-ha-tres-dias-produtores-do-projeto-sao-joao-calculam-prejuizos.ghtml>. Acesso em: 21 maio 2019.

### Título 2

> **Arquitetos imaginam a Barra daqui a 35 anos**

Júlia Amin. *O Globo*, 30 jul. 2017. Disponível em: <https://oglobo.globo.com/rio/bairros/arquitetos-imaginam-barra-daqui-35-anos-1-21643929#ixzz4qn6iiAIDstest>. Acesso em: 21 maio 2019.

a) Que título apresenta um fato que já aconteceu?

☐ Título 1.　　☐ Título 2.

b) Que título apresenta um fato que ainda acontecerá?

☐ Título 1.　　☐ Título 2.

**2** Complete as frases com **há** ou **a**.

a) Irei comprar frutas daqui _____ duas horas.

b) Estive em Maceió _____ cinco anos.

c) Começaremos a leitura daqui _____ dez minutos.

d) _____ 15 meses Murilo ganhou o troféu.

**3** Complete as lacunas com as palavras do quadro.

> passado　　há　　futuro　　a

a) A palavra ____ é usada para indicar tempo _____.

b) Já a palavra ____ indica algo que irá acontecer no _____.

# Como eu vejo

## Propaganda e consumo consciente

Há propagandas de todo tipo e em muitos lugares: no rádio, na televisão, na rua, em jornais e revistas e na internet. Algumas são tão interessantes que, só por causa delas, temos vontade de comprar o produto anunciado, mesmo que não precisemos dele.

Antes de comprar qualquer produto, é preciso refletir se necessitamos dele ou se apenas sentimos vontade de tê-lo. Podemos verificar isso nos perguntando:

PRECISO DISSO?

PARA QUE PRECISO DISSO?

POSSO USAR ALGO QUE JÁ TENHO EM VEZ DE COMPRAR ISSO?

PRECISO DISSO OU APENAS DESEJO TÊ-LO?

Veja cinco dicas para ser um consumidor consciente e assinale as iniciativas que você já pode tomar. No último quadro, escreva uma dica sua para ser um consumidor consciente.

1. Antes de comprar ou pedir alguma coisa a seus pais ou aos responsáveis por você, veja se isso é necessário e se já não tem algo parecido.

2. Avalie o impacto de seu consumo: ao fazer compras, dê preferência a produtos que respeitem o meio ambiente, como os reciclados e recicláveis.

3. Reutilize produtos: em vez de comprar algo novo, veja o que você já tem em casa e se pode consertar, transformar e reutilizar.

4. Planeje as compras: evite comprar por impulso. Faça uma lista do que precisa antes de ir ao mercado, à loja etc. para adquirir menos e melhor.

5. Separe o lixo: separe os resíduos por tipo e recicle o que for possível para reduzir os danos ao meio ambiente.

6. _____

1. Você presta atenção às propagandas que passam na televisão ou são veiculadas em revistas, jornais e na internet?

2. Você já quis algum produto só porque o viu em uma propaganda? Qual é sua opinião a esse respeito?

3. Você já ficou chateado por não ter ganhado algo que queria muito? Como foi?

Fontes: <www.akatu.org.br/noticia/saiba-por-que-e-importante-consumir-o-suficiente-sem-excessos>; <www.akatu.org.br/noticia/conheca-os-12-principios-do-consumo-consciente>; <http://criancaeconsumo.org.br/consumismo-infantil>. Acessos em: 24 ago. 2017

## Como eu transformo

**Conhecer para consumir com consciência**

Ciências  História

### O que fazer?

Um panfleto com dicas de consumo consciente com base na legislação sobre os direitos do consumidor.

### Para que fazer?

Para ajudar as pessoas a fazer compras de modo consciente, compreender seus direitos de consumidoras e preservar o meio ambiente.

### Com quem fazer?

Com os colegas, o professor, os funcionários da escola e pessoas de convívio próximo.

### Como fazer?

1. Converse com os colegas e o professor a respeito de propagandas que vocês conhecem e que, de alguma forma, incentivam o consumo. As propagandas são veiculadas na TV, na internet, em revistas, cartazes, no rádio etc. Observem os elementos utilizados na propaganda para despertar o interesse do consumidor pelo produto. Retomem a seção **Como eu vejo** e, em seguida, elaborem um painel com as informações e reflexões da turma.

2. Reúna-se com três colegas e, juntos, pesquisem a legislação que protege o consumidor e aborda a questão da propaganda destinada às crianças.

3. Elaborem, juntos, algumas dicas baseadas no *Manual do Direito do Consumidor* que possam ajudar a avaliar melhor as propagandas e pensar na real necessidade de adquirir um produto. Compartilhem com os demais colegas e o professor.

4. Ajudem o professor a preparar um guia com as dicas elaboradas pelos grupos e, em seguida, pensem na forma de divulgá-lo.

> Antes de pedir a alguém que lhe compre algo, você costuma pensar se precisa mesmo daquilo? Por quê?

**Texto 2** — **Paródia**

1. O título da história a seguir contém um enigma. Tente decifrá-lo.

**Hoz Malepon Viuh Echer**
ou
**O caçador**

Era uma vez um caçador. Esse caçador gostaria de ser um padeiro ou um relojoeiro. Ou um trapezista. Mas ele era um caçador. Porque o pai dele tinha sido caçador. E o avô dele tinha sido caçador. E o bisavô também. E o tataravô também. E o avô do tataravô também. Então esse caçador era caçador porque mandaram ele seguir o costume da família.

Ele morava numa floresta, onde moravam muitos bichos. E pessoas. E monstros. Então, já que tinha que caçar, porque era caçador, ele caçava monstros.

A vida de um caçador que caçava monstros era bem animada. E perigosa. E arriscada. Este caçador quase perdeu uma perna quando caçou o terrível Vampiro da Caverna Negra. Quase perdeu todos os dentes quando caçou o Abominável Lobisomem do Mato Selvagem. E quase perdeu a cabeça quando caçou a horripilante Sereia da Lagoa das Águas Profundas.

Cansado de quase se perder por inteiro ao caçar seres tão medonhos, o caçador saiu um dia à procura de uma onça comedora de gente ou um javali destruidor ou um outro animal bem mau.

O caçador viajou o dia inteiro. Quando já estava quase anoitecendo, chegou a uma casinha muito bonitinha. Com tapetinho na frente da porta. E cortininhas nas janelas. Só de pensar na sopa que a dona da casa devia estar preparando para o jantar, o caçador ficou com água na boca. E resolveu bater na porta para pedir um prato desta sopa. E bateu. E estranhou ao ouvir um ronco esquisito.

"Nossa!", pensou o caçador, "a dona desta casa está dormindo! E nem é noite ainda! E como ela ronca alto!"

O caçador já estava indo embora, pé ante pé, para não acordar a dona da casinha. Mas pensou: "Este ronco está muito esquisito!".

E resolveu entrar para dar uma olhadinha.

Quando abriu a porta, o caçador se espantou. Porque a dona da casa estava dormindo de camisola em sua cama. E claro que isso não é motivo para ninguém se espantar. Mas acontece que esta senhora era muito feia. Muito feia mesmo. Tão feia que parecia um lobo.

O caçador chegou mais perto e viu que esta senhora que parecia um lobo estava com a barriga inchada. Mas inchada mesmo. Como se tivesse engolido um monte de abóboras. Então, quando o caçador já estava pensando em ir embora, a senhora, que parecia um lobo e estava com a barriga tão inchada que parecia que tinha engolido um monte de abóboras, acordou.

O caçador disse:

– Boa tarde, minha senhora.

– Boa tarde – respondeu a senhora.

– A senhora me desculpe por eu ter entrado na sua casa sem pedir licença – disse o caçador.

– Não faz mal – respondeu a senhora.

– Então eu gostaria de fazer três perguntas para a senhora – disse o caçador.

– Ora essa, não se acanhe. Faça! – disse a senhora.

– Obrigado – disse o caçador. – Então lá vou eu. Por que a senhora tem olhos tão grandes?

– Para te olhar melhor...
– Por que a senhora tem um nariz tão grande?
– Para te cheirar melhor.
– E por que a senhora tem uma boca tão grande?
– Para engolir melhor meninas e vovozinhas.
– Ah! – disse o caçador. – Então está explicado.

E o caçador já ia se despedir e ir embora, quando olhou bem para a senhora que parecia um lobo. E descobriu que a senhora que parecia um lobo ERA um lobo!

O caçador pegou sua espingarda e mirou. O lobo tentou fugir correndo, mas estava com a barriga muito pesada e não conseguiu. O caçador deu um tiro no lobo. Abriu a barriga dele com um facão. E tirou lá de dentro uma menina de chapéu na cabeça e uma velhinha. Elas estavam meio tontas com o cheiro ruim que tinha dentro da barriga do lobo. Mas estavam vivas. E agradeceram muito ao caçador. E ofereceram um jantar para ele. Com doces na sobremesa.

Depois de costurar a barriga do lobo e fazer um curativo no bumbum dele, onde o tiro tinha passado de raspão, a velhinha mandou ele embora. O lobo pediu para ficar para o jantar. Mas a velhinha, que não era feia nem parecia um lobo, deu um pão velho para ele. E mandou ele embora. E ele foi.

O caçador jantou. Agradeceu. E acompanhou a menina no caminho de volta para a casa dos pais dela. A mãe da menina agradeceu ao caçador por ele ter salvado sua filha. E o pai da menina, que era padeiro e dono de uma padaria, convidou o caçador para trabalhar com ele.

O caçador aceitou. Guardou a espingarda num baú. E começou um novo costume na família dele. Porque seu filho foi padeiro, como ele. E seu neto também. E seu bisneto. E seu tataraneto. E o filho de seu tataraneto.

Parece que o neto do tataraneto do caçador que virou padeiro achou, um belo dia, uma espingarda enferrujada dentro de um baú antigo. E saiu de casa decidido a caçar um monstro bem horroroso... FIM.

QUE HISTÓRIA É ESSA?

Flavio de Souza. *Que história é essa?* 2. ed. São Paulo: Companhia das Letrinhas, 2017. p. 25-27.

**Quem escreveu?**

**Flavio de Souza** é ator, dramaturgo, escritor e roteirista de filmes e programas de televisão. Foi criador e roteirista de programas como *Castelo Rá-Tim-Bum* e *Mundo da Lua*.

## Estudo do texto

**1** Releia o início do texto e escreva a frase que costuma iniciar os contos de fadas.
_____

**2** Quem são os personagens do texto?
_____
_____

**3** Quem é o protagonista da história? E o antagonista?
_____

> Em uma narrativa, o personagem principal da história é chamado de **protagonista**. Quando o protagonista tem um adversário, esse personagem se chama **antagonista**.

**4** Por que o caçador tinha essa profissão? Justifique.
_____
_____
_____

**5** Por que o caçador decidiu sair atrás de um animal "bem mau"?

☐ Porque ele já estava cansado de arriscar a vida caçando monstros.

☐ Porque ele precisava se alimentar, então foi procurar animais para comer.

☐ Porque ele começou a ter medo dos monstros, por eles serem muito feios.

☐ Porque o caçador iria se aposentar, então precisava de outra profissão.

**6** Na história lida, o que o caçador encontrou?
_____
_____

**7** O caçador fez três perguntas à suposta senhora.

a) Por que ele fez essas perguntas?

_____

_____

b) O que ele descobriu?

_____

_____

c) O que o caçador fez ao descobrir isso?

_____

_____

**8** Quem o caçador tirou da barriga do lobo?

☐ A filha do caçador e sua mãe, que ele estava procurando.

☐ Duas pessoas de uma aldeia próxima.

☐ Uma menina de chapéu na cabeça e uma velhinha.

**9** Responda à pergunta que o autor do conto faz ao final da narrativa: "Que história é essa?".

◆ Comprove sua resposta com elementos do texto.

_____

_____

> O **Texto 2** é uma **paródia**, isto é, uma versão de outra história. A paródia é um texto que "conversa" com outro texto.

**10** Assinale a alternativa correta sobre o **Texto 2**.

☐ É uma paródia de um conto de fadas.

☐ É um conto de fadas.

☐ É um conto sem nenhuma ligação com outro texto.

**11** Há diferenças entre a paródia e o conto de fadas que a originou.

a) Escreva **V** nas afirmações verdadeiras e **F** nas falsas.

☐ Na paródia, o protagonista é o caçador.

☐ No conto de fadas, a protagonista é a menina.

☐ No conto de fadas, quem faz as perguntas é o lobo.

☐ Na paródia, quem faz as perguntas é o caçador.

☐ Nos dois contos, o lobo foge ou é morto pelo caçador.

b) Reescreva as frases que você identificou como falsas corrigindo-as para que se tornem verdadeiras.

_____

_____

**12** Escreva no quadro o que foi acrescentado à história original e o que foi eliminado dela.

| | |
|---|---|
| **Foi acrescentado** | |
| **Foi eliminado** | |

> A paródia não precisa conter todos os elementos da obra original, pode apresentar apenas alguns deles.

**13** Releia os trechos a seguir.

**Trecho 1**
[...] Quando já estava quase anoitecendo, chegou a uma casinha muito bonitinha. Com tapetinho na frente da porta. E cortininhas nas janelas. [...]

**Trecho 2**
[...] Mas acontece que esta senhora era muito feia. Muito feia mesmo. Tão feia que parecia um lobo. O caçador chegou mais perto e viu que esta senhora que parecia um lobo estava com a barriga inchada. Mas inchada mesmo. Como se tivesse engolido um monte de abóboras. [...]

**Trecho 3**
[...] O caçador deu um tiro no lobo. Abriu a barriga dele com um facão. E tirou lá de dentro uma menina de chapéu na cabeça e uma velhinha. Elas estavam meio tontas com o cheiro ruim que tinha dentro da barriga do lobo. [...]

a) Que efeito esses trechos causam no texto?

☐ Dúvida.   ☐ Humor.   ☐ Medo.

b) Explique sua resposta à pergunta anterior.

_____
_____
_____

> Na paródia, o autor cria outra história – geralmente de forma divertida, com humor.

### Aí vem história

Na página 254, você lerá o conto de fadas que deu origem a paródias, propagandas e inspirou outras histórias, poemas e até canções: "Chapeuzinho Vermelho".

Depois, com base nesse texto e seguindo as orientações do professor, você e os colegas deverão elaborar um texto dramático e encená-lo.

# Estudo da língua

## Sujeito e predicado

**1** Releia as frases a seguir.

I. Ele morava numa floresta [...].
II. [...] a velhinha mandou ele embora.
III. E cortininhas nas janelas.
IV. O caçador pegou sua espingarda e mirou.

a) Identifique os verbos das frases e circule-os.

b) Você encontrou verbos em todas as frases? Explique.

_____

_____

c) Esses verbos indicam ação. Quem praticou a ação de cada frase?

_____

_____

d) Complete o quadro.

| Quem? | Fez o quê? |
|---|---|
| Ele | _____ |
| _____ | mandou o lobo embora. |
| _____ | pegou sua espingarda. |
| O caçador | _____ |

Ao responder às perguntas do quadro acima, você identificou o sujeito e o predicado das frases.

**Sujeito** é o ser sobre quem se faz uma declaração. **Predicado** é o que é declarado sobre o sujeito.

**2** Agora releia o trecho a seguir.

E tirou lá de dentro uma menina de chapéu na cabeça e uma velhinha. **Elas** estavam meio tontas com o cheiro ruim que tinha dentro da barriga do lobo.

a) A palavra destacada no trecho refere-se a quem?

☐ Ao caçador e ao lobo.

☐ À menina e à velhinha.

☐ Ao caçador e à velhinha.

☐ Ao chapéu e ao lobo.

b) A palavra destacada se refere a que verbo?

_____

c) Reescreva a frase a seguir trocando o termo "elas" pela resposta indicada no item **a**. Faça as modificações que forem necessárias.

**Elas** estavam meio tontas com o cheiro ruim que tinha dentro da barriga do lobo.

_____

_____

_____

d) Indique o sujeito e o predicado da frase que você escreveu na atividade anterior.

◆ Sujeito: _____

_____.

◆ Predicado: _____

_____

_____.

> O verbo faz parte do predicado e deve concordar com o **sujeito** em número e pessoa.

## Um pouco mais sobre

**Humor**

Leia a anedota a seguir.

Uma mulher entrou no açougue e viu um cachorro esperando no balcão.

– Quanto de carne moída você vai querer hoje? – perguntou o açougueiro ao cão.

O cachorro, então, latiu duas vezes, e o açougueiro embrulhou 200 gramas de carne moída.

– Quantas costeletas de porco?

Como o cãozinho deu quatro latidos, o açougueiro embrulhou quatro costeletas de porco.

A mulher ficou encantada com o cachorro e, curiosa, resolveu segui-lo quando ele deixou o açougue, carregando os seus embrulhos na boca. O bichinho seguiu pela rua, até que, ao chegar a determinada casa, parou e tocou a campainha. Um velhinho abriu a porta para ele.

– O senhor tem um cãozinho muito esperto! – disse a mulher.

– Esperto? Você está brincando... – respondeu o velhinho. – É a terceira vez esta semana que ele esquece as chaves.

Gabriel Barazal. *Piadas para rachar o bico 1*. São Paulo: Fundamento Educacional, 2012. p. 12-13.

**1** Qual(is) situação(ções) do texto é (são) inusitada(s), surpreendente(s)?

☐ Um cão estar sozinho em um açougue.

☐ O açougueiro atender o cachorro como aconteceria com outros clientes.

☐ O cão entender as perguntas do açougueiro, tocar a campainha e ter "esquecido" as chaves de casa.

**2** Releia o trecho a seguir e converse com os colegas sobre as questões.

O bichinho seguiu pela rua, até que, ao chegar a determinada casa, parou e tocou a campainha.

a) O que é surpreendente nessa cena?

b) Mesmo o cachorro tendo feito tantas coisas fora do comum, para o velhinho isso não era nada. Por quê?

A **anedota** é um gênero textual produzido para provocar o riso, o que também ocorre com as paródias. As anedotas costumam ser curtas e, no final, quebram a expectativa do leitor.

## Produção de texto

# Paródia

A seguir você lerá um conto de fadas e, depois, criará uma paródia dele para ser exposta na sala de aula.

### O sapateiro para quem trabalharam

Um sapateiro havia ficado tão pobre que não lhe sobrara nada além de couro suficiente para fazer um único par de sapatos. À noite, ele cortou o couro e foi dormir, pensando em acabar o trabalho no dia seguinte. Mas, quando se levantou e foi pegar no batente, encontrou os dois sapatos prontos e bem-acabados sobre sua mesa. Não demorou também para que aparecesse um comprador, que lhe pagou tão bem que com o dinheiro deu para comprar couro para fazer dois pares de sapatos, que ele tratou de cortar à noite, e quando quis trabalhar neles na manhã seguinte lá estavam novamente prontos e bem-acabados, e com o dinheiro da venda ele pôde comprar couro para quatro pares, que na manhã seguinte também estavam prontos. Assim foram correndo as coisas, e o quanto o sapateiro cortasse à noite, tantos pares encontrava prontos pela manhã, e não demorou para ele voltar a ser um homem bem de vida.

Certa noite, pouco antes do Natal, ele quis se deitar, deixou novamente bastante couro cortado e disse para a mulher: "Vamos ficar acordados uma noite para ver quem faz o trabalho para nós?". Assim, deixaram uma luz acesa e se esconderam num canto atrás dos casacos que estavam dependurados. À meia-noite, dois homenzinhos bonitinhos e nus surgiram, sentaram-se à mesa e trataram de dar conta do trabalho, e o faziam com tamanha velocidade que o sapateiro, de tão surpreso, não conseguia tirar os olhos deles. Só pararam quando todo o serviço estava pronto, quando então saíram num salto e ainda demorou a amanhecer.

A mulher, porém, disse ao marido: "Os homenzinhos nos tornaram ricos, temos de demonstrar nossa gratidão, tenho pena deles, andando por aí sem roupa e passando frio. Vou costurar camisas, camisetas e calças para eles, e vou tricotar meias, faça você também um par de pequenos sapatos para cada um". O marido ficou satisfeito e, quando tudo estava pronto, arrumaram as roupas no lugar e se esconderam para ver o que os homenzinhos fariam. Como de costume, à meia-noite os pequenos apareceram. Ao verem as roupas ali pareceram muito alegres e na maior velocidade se vestiram, e quando estavam prontos começaram a saltitar, a pular e a dançar, e assim saíram dançando porta afora e nunca mais voltaram.

Jacob e Wilhelm Grimm. Os gnomos. In: Marcus Mazzari (Org.). *Contos maravilhosos infantis e domésticos.* São Paulo: Cosac Naify, 2014. Tomo 1 [1812]. p. 197-198.

**Pensando sobre o texto**

1. Como era a situação financeira do sapateiro?

   ☐ Ele havia ficado pobre e tinha matéria-prima para fazer apenas um par de sapatos e vendê-lo.

   ☐ Ele havia ficado pobre e não tinha sequer matéria-prima para fazer um par de sapatos e vendê-lo.

2. O que aconteceu quando o sapateiro acordou e foi trabalhar?

   _____
   _____

3. O que o sapateiro fez com o dinheiro da venda?

   _____
   _____

4. Qual foi a atitude do sapateiro para tentar descobrir o que estava acontecendo?

   _____
   _____
   _____

5. Ao ver dois homenzinhos darem conta do trabalho de forma muito rápida, qual foi a reação do sapateiro?

   _____
   _____

6. E a mulher, como reagiu depois de ver o que os homenzinhos haviam feito?

   _____
   _____
   _____

**7** Escreva **V** nas afirmações verdadeiras e **F** nas falsas.

- ☐ O casal teve uma atitude de gratidão diante da ajuda que recebeu dos homenzinhos.
- ☐ O casal achou melhor não demonstrar a gratidão que sentiram, pois tiveram medo dos homenzinhos.
- ☐ Os homenzinhos se entristeceram ao ver as roupas e os calçados que ganharam de presente.
- ☐ Os homenzinhos se vestiram, foram embora dançando de alegria e nunca mais voltaram.

### Planejamento

Agora que você leu o conto, organize as informações da história original antes de escrever sua paródia. Siga o roteiro.

1. Quem são os personagens da história?
2. Onde a narrativa é desenvolvida?
3. Qual é o conflito e o clímax da história?
4. O que dará humor a sua paródia?
5. Como acontece o desfecho?
6. Quantos parágrafos haverá? O que será descrito em cada um?

### Elaboração

Após identificar os aspectos que compõem a história original, planeje sua paródia. Não se esqueça de que, em uma paródia, há elementos da história original e elementos diferentes, além de humor. Escreva seu texto no caderno e lembre-se: ele deve ter um título e estar organizado em parágrafos.

### Revisão

Após finalizar a primeira versão do texto, verifique os aspectos a seguir.

- ◆ É possível identificar a que história a paródia remete?
- ◆ Há elementos que diferenciam a paródia da narrativa original?
- ◆ Há humor em seu texto?
- ◆ Você deu um título à paródia?
- ◆ O texto foi organizado em parágrafos?
- ◆ A pontuação está adequada?
- ◆ As palavras foram escritas corretamente?

Depois de verificar e corrigir o que for necessário, troque seu texto com o de um colega e faça a mesma revisão no texto dele. Em seguida, escreva seu texto em uma folha de papel avulsa e entregue-o ao professor.

Camila Hortencio

**Revendo o que aprendi**

1. Observe esta propaganda. Ela foi veiculada em 2015, no município de Pato Branco, no Paraná.

**Campanha de Doação de Brinquedos**
Pato Branco

Seu velho amigo guardado ainda pode fazer uma **criança feliz!**

UTFPR
UNIVERSIDADE TECNOLÓGICA FEDERAL DO PARANÁ

a) Quais são os objetivos da propaganda?

☐ Conscientizar as pessoas sobre a campanha de arrecadação de brinquedos.

☐ Convencer as pessoas a doar brinquedos usados para a campanha de arrecadação.

☐ Convencer as pessoas a comprar brinquedos novos e doá-los.

b) Que instituição é responsável pela propaganda? Como você sabe disso?

_____

_____

c) Qual é o público-alvo da propaganda?

_____

_____

d) Escreva **V** nas afirmações verdadeiras sobre a frase da propaganda e **F** nas falsas.

☐ O trecho "Seu velho amigo guardado" refere-se a um brinquedo usado que pode ser doado.

☐ A palavra "ainda" não produz nenhum efeito na frase.

☐ A palavra "velho" indica a condição em que o brinquedo deve estar.

☐ Na parte "criança feliz!", as letras estão coloridas para enfatizar o que a doação de um brinquedo pode fazer.

e) Explique por que você indicou que há afirmações falsas.

_____

_____

f) Sobre a imagem do urso nessa propaganda, pode-se afirmar que ela:

☐ não é importante, pois a parte escrita informa tudo o que é necessário saber.

☐ é essencial para que o assunto da propaganda seja percebido de forma rápida e visual.

**2** Complete as frases a seguir com **há** ou **a**.

a) Daqui _____ três dias receberei minha coleção.

b) _____ seis semanas não vejo meu primo.

c) Estou esperando você _____ horas.

d) O sinal vai bater daqui _____ cinco minutos.

**3** As frases da atividade anterior referem-se a eventos que já aconteceram ou que irão acontecer? Faça um **X** na coluna adequada.

|  | a | b | c | d |
|---|---|---|---|---|
| Refere-se ao futuro |  |  |  |  |
| Refere-se ao passado |  |  |  |  |

**4** Leia a tirinha a seguir e faça o que se pede.

**a)** A que história a tirinha remete? Justifique sua resposta.

**b)** Podemos afirmar que a tirinha é uma paródia da história que você mencionou na pergunta anterior?

**c)** Explique a frase "O lobo sempre mau".

**d)** O que dá efeito de humor à tirinha?

**e)** No segundo quadrinho, o formato do balão de fala do lobo é diferente dos demais. Por quê?

**f)** No último quadrinho, por que está escrito "tá" e não "está"?

**g)** No último balão de fala da tirinha, circule o sujeito e sublinhe o predicado.

**5** Que palavra poderia substituir "autoestima" sem mudar o sentido da tirinha?

☐ Amor-próprio.

☐ Respeito.

☐ Orgulho.

**6** Em relação às palavras "mau" e "mal", marque a opção correta.

☐ As duas palavras indicam a mesma ideia: o lobo não é bom.

☐ "Mal", no quarto quadrinho, indica que o lobo não se sente bem com o que foi dito.

☐ O sentido da tirinha não seria alterado se "mau" fosse trocado por "mal" e vice-versa.

## Para ir mais longe

### Livros

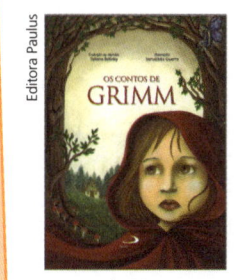

▶ **Os contos de Grimm**, tradução de Tatiana Belinky. São Paulo: Paulus, 2016.

Os contos, como "A gata borralheira" e "Chapeuzinho Vermelho", foram traduzidos direto do alemão, língua materna dos irmãos Grimm, para o português.

**A verdadeira história dos Três Porquinhos**, de Jon Scieszka. São Paulo: Companhia das Letrinhas, 2007.

A história dos Três Porquinhos é um dos contos de fadas mais conhecidos, até virou animação! Mas será que tudo se passou mesmo da forma que conhecemos há tanto tempo? Nesse livro, o lobo apresenta a versão dele da famosa história.

### Filmes

▶ **Shrek para sempre**. Direção de Mike Mitchell. Estados Unidos: Paramount Pictures, 2010, 93 min.

No último filme da série, Shrek está entediado com a vida de pai de família. Ele faz um pacto com Rumpelstiltskin para recuperar a liberdade que tinha no passado. Diversos personagens de contos de fadas participam dessa aventura.

▶ **Minúsculos**. Direção de Thomas Szabo e Hélène Giraud. França; Bélgica: Paris Filmes, 2014, 88 min.

Dois grupos de formigas travam uma verdadeira batalha pelas sobras de comida de um piquenique feito por um casal. Nessa animação francesa, podemos ver como os mais cotidianos e pequenos atos humanos podem interferir na natureza.

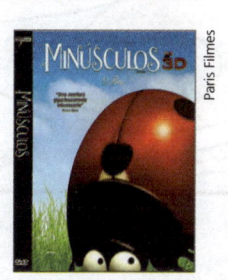

# Aí vem história – Textos

## Unidade 1

### A bola

O pai deu uma bola de presente ao filho. Lembrando o prazer que sentira ao ganhar a sua primeira bola do pai. Uma número 5 sem tento oficial de couro. Agora não era mais de couro, era de plástico. Mas era uma bola.

O garoto agradeceu, desembrulhou a bola e disse "Legal!". Ou o que os garotos dizem hoje em dia quando gostam do presente ou não querem magoar o velho. Depois começou a girar a bola, à procura de alguma coisa.

– Como é que liga? – perguntou.

– Como, como é que liga? Não se liga.

O garoto procurou dentro do papel de embrulho.

– Não tem manual de instrução?

O pai começou a desanimar e a pensar que os tempos são outros. Que os tempos são decididamente outros.

– Não precisa manual de instrução.

– O que é que ela faz?

– Ela não faz nada. Você é que faz coisas com ela.

– O quê?

– Controla, chuta...

– Ah, então é uma bola.

– Claro que é uma bola.

– Uma bola, bola. Uma bola mesmo.

– Você pensou que fosse o quê?

– Nada, não.

O garoto agradeceu, disse "Legal" de novo, e dali a pouco o pai o encontrou na frente da tevê, com a bola nova do lado, manejando os controles de um *video game*. Algo chamado Monster Ball, em que times de monstrinhos disputavam a posse de uma bola em forma de *blip* eletrônico na tela ao mesmo tempo que tentavam se destruir mutuamente. O garoto era bom no jogo. Tinha coordenação e raciocínio rápido. Estava ganhando da máquina.

O pai pegou a bola nova e ensaiou algumas embaixadas. Conseguiu equilibrar a bola no peito do pé, como antigamente, e chamou o garoto.

– Filho, olha.

O garoto disse "Legal" mas não desviou os olhos da tela. O pai segurou a bola com as mãos e a cheirou, tentando recapturar mentalmente o cheiro de couro. A bola cheirava a nada. Talvez um manual de instrução fosse uma boa ideia, pensou. Mas em inglês, para a garotada se interessar.

Luis Fernando Verissimo. *Comédias para se ler na escola*. Apresentação e seleção de Ana Maria Machado. Rio de Janeiro: Objetiva, 2001. p. 41-42.

**Glossário**

**Tento:** tira de couro.

# Unidade 2

## O MENINO MALUQUINHO EM DEIXA, NANÁ!

**Mãe:** EI! ONDE O SENHOR PENSA QUE VAI?

**Menino Maluquinho:** VOU JOGAR BOLA, ORA!

**Mãe:** NADA DISSO! ONTEM, MAIS UMA VEZ, VOCÊ FOI DORMIR SEM TOMAR BANHO! HOJE, VOCÊ NÃO ESCAPA!

**Menino Maluquinho:** MAS, MÃE...

**Menino Maluquinho:** ...QUE ADIANTA TOMAR BANHO SE EU VOU ME SUJAR JOGANDO BOLA?

**Pai:** DEIXA, NANÁ... O MENINO TEM RAZÃO! QUANDO ELE VOLTAR... TOMA BANHO!

**Mãe:** TÁ BOM! TÁ BOM! PODE IR! MAS, QUANDO VOLTAR...

Ziraldo

— VALEU, PAIZÃO!

— VOCÊ, HEIN?

CA-BRUM!

— DROGA! VAI CHOVER LOGO AGORA?

— E QUAL É O PROBLEMA? QUANDO EU TINHA A SUA IDADE, ADORAVA BRINCAR NA CHUVA!

— AH, E PEGAVA RESFRIADO TODA HORA E DEIXAVA SUA MÃE LOUCA, NÃO É, CARLINHOS?

— COM UM CALOR DESTES? ESSA CHUVINHA SÓ VAI REFRESCAR!

— DEIXA, MÃE?

— DEIXA, NANÁ...

— ESTÁ BEM... MAS, QUANDO VOLTAR, VAI DIRETO PRO BANHO!

— OLHA COMO ELE FICOU FELIZ!

— OBA!

— AI, AI...

— DROGA! MIL VEZES DROGA!

— QUE ACONTECEU?

— NÃO ACONTECEU! AS MÃES DOS OUTROS GAROTOS NÃO DEIXARAM ELES BRINCAREM COMIGO NA CHUVA!

Ziraldo

Ziraldo. *Maluquinho por futebol*. São Paulo: Globo, 2010. p. 55-58.

# Unidade 3

### *Carta para Luna*

Querida Luna,
Como vai? Você se chama Luna por causa da Luna Lovegood? Qual é o seu lugar favorito em São Paulo? Qual é a sua profissão? O que é a Festa do Figo? Você já foi? Você escuta Adoniran Barbosa? Eu gosto dele.
Tchau,
Toby

### *Resposta de Luna*

Oi, Toby!
Como vai? Estou muito feliz de ser uma das muitas pessoas do mundo inteiro que se correspondem com você!
Eu não me chamo Luna por causa da Luna Lovegood. Nasci alguns anos antes de serem escritos os livros da série *Harry Potter*. [...] Luna não é um nome muito comum no Brasil – significa "lua" em espanhol e italiano.
Acho que o meu lugar favorito em São Paulo é o parque Ibirapuera. Você já viu fotos desse parque? Ele é muito grande e fica bem no meio da cidade [...].
Sou farmacêutica e trabalho com cosméticos. Produzo protetores solares e fórmulas de maquiagem. Gosto do que faço, porque é muito dinâmico e, além disso, ainda me permite viajar para uma porção de conferências e feiras – e eu adoro viajar! [...]
A Festa do Figo faz parte do "Circuito das Frutas", que é formado por dez cidades, cada uma delas famosa por produzir determinada fruta. Valinhos é a cidade do figo! Assim, em janeiro, temos a Festa do Figo, na qual podemos comprar todo tipo de coisa feita com figo, como geleias, sucos, compotas. [...].
Fico contente em saber que você gosta de Adoniran Barbosa. Ele foi um grande cantor e compositor. Todo mundo aqui no Brasil sabe cantar pelo menos uma canção dele. Com certeza você vai gostar também dos Demônios da Garoa, um grupo de samba que gravou muitas canções de Adoniran Barbosa. Acho que "Trem das onze" é a mais famosa.
Espero que um dia você tenha a oportunidade de vir ao Brasil!
Do Brasil, com carinho,
Luna ☺

Toby Little. *Querido mundo, como vai você?: a história de um pequeno menino com uma grande missão*. Tradução: Hildegard Feist. São Paulo: Fontanar, 2017. p. 86-88.

# Unidade 4

## Capítulo 3

### Direto da Antártica

O SR. POPPER não dormiu muito bem naquela noite, agitado que estava porque o grande almirante Drake tinha falado com ele pelo rádio e por se sentir muito curioso com a mensagem dele. Não sabia como faria para esperar até descobrir o que o almirante quisera dizer. Quando amanheceu, estava quase triste por não ter de ir a lugar nenhum, não ter casas que pintar nem cômodos nos quais instalar papel de parede. O trabalho certamente ajudaria a passar o tempo.

– Gostaria de colocar outro papel de parede na sala? – ele perguntou à Sra. Popper. – Tenho bastante papel número 88, sobras da casa do prefeito.

– Não – disse a Sra. Popper com firmeza. – O papel que temos está bom o suficiente. Hoje, vou à primeira reunião da Sociedade Beneficente de Senhoras, e, quando voltar, não quero encontrar nenhuma bagunça.

– Está bem, meu amor – disse o Sr. Popper com a voz doce, e sentou-se com o cachimbo, o globo e o livro *Aventuras na Antártica*. Mas de algum modo, ao ler, não conseguia manter a atenção nas palavras impressas. Os pensamentos voltavam insistentemente ao almirante Drake. O que ele quisera dizer quando mencionara que tinha uma surpresa para o Sr. Popper?

Felizmente, para seu alívio, não precisou esperar muito tempo. Naquela tarde, enquanto a Sra. Popper ainda estava na reunião, e Janie e Bill ainda não tinham chegado da escola, a campainha soou de modo muito espalhafatoso.

– Deve ser o carteiro. Não me darei o trabalho de atender – ele disse a si mesmo.

A campainha soou novamente, dessa vez um pouquinho mais estrondosa. Resmungando, o Sr. Popper foi até a porta.

Não era o carteiro. Era um entregador, com a maior caixa que o Sr. Popper já vira.

– Alguém de nome Popper mora aqui?

– Sou eu.

– Bem, aqui está um pacote que chegou da Antártica, uma encomenda aérea. Fez uma viagem e tanto, eu diria.

O Sr. Popper assinou o recibo e examinou a caixa. Estava coberta de etiquetas. ABRIR DE UMA SÓ VEZ, dizia uma delas. MANTER REFRIGERADO, dizia outra. Ele notou que a caixa estava furada: aqui e ali havia buracos para passagem de ar.

É claro que, assim que levou a caixa para dentro, o Sr. Popper não perdeu tempo e logo pegou a chave de fenda, pois já se dera conta de que aquela era a surpresa do almirante Drake.

Ele tinha conseguido retirar as tábuas externas e parte da embalagem – uma camada de gelo seco – quando, das profundezas da caixa, de repente se fez ouvir um débil "ork". Seu coração parou. Certamente já ouvira aquele som antes, nos filmes da

Expedição Drake. Suas mãos estavam tremendo, de modo que mal podia levantar a última parte da embalagem.

Não havia a menor dúvida. Era um pinguim.

O Sr. Popper estava sem palavras, de tanta alegria.

Mas o pinguim não estava sem palavras.

– *Ork* – fez novamente, e dessa vez ergueu as nadadeiras e pulou sobre os restos da caixa.

Era uma criaturinha robusta de cerca de setenta e cinco centímetros de altura. Embora fosse do tamanho de uma criança pequena, parecia muito mais um homenzinho, com um colete branco e liso na frente e um longo fraque preto arrastando-se um pouco atrás. [...]

O Sr. Popper lera que os pinguins eram extremamente curiosos, e logo percebeu que é verdade pois, ao sair da caixa, o visitante começou a inspecionar a casa. [...] Quando a ave, ou ele – o Sr. Popper já começava a pensar na criatura como "ele" –, chegou ao banheiro, olhou em volta com uma expressão de satisfação no rosto.

"Talvez" – pensou o Sr. Popper – "ele tenha associado os ladrilhos brancos ao gelo e à neve do polo Sul. Pobrezinho, talvez esteja com sede."

Com cuidado, o Sr. Popper começou a encher a banheira com água fria. [...] Como o pinguim continuava apenas olhando, o Sr. Popper o pegou e pôs lá dentro. O pinguim pareceu não se importar.

[...]

Richard e Florence Atwater. *Os pinguins do Sr. Popper*. Rio de Janeiro: Intrínseca, 2011. p. 21-24, 26-28.

> **Glossário**
>
> **Almirante:** quem detém o mais alto posto da Marinha.
>
> **Débil:** fraco.
>
> **Fraque:** traje masculino usado em algumas festas; o casaco que faz parte dele é bem ajustado ao corpo, curto na frente e com longas abas atrás.

**Unidade 5**

**No Reino do Vai Não Vem**

Dizem que todo escritor
É um sujeito original.
Tecelão de fantasias,
Arquiteto do irreal,
Mentiroso por destino
E dever profissional.

Eu, por certo, não sou desses,
Pois os fatos não aumento,
Não encurto ou diminuo,
Nada mudo ou acrescento.
O que sai de minha pena
É verdade, cem por cento!

Eis que aconteceu comigo
Uma estranha situação:
Envolvi-me numa história
De magia e muita ação,
E eu lhes conto o sucedido
Sem um pingo de invenção.

Como todos sabem, eu
Sou poeta e menestrel.
Criador de personagens
E romances de cordel
Que se transformaram em livros
Bem impressos no papel.

Só que eu tenho uma mania,
Um capricho, por que não?
Só consigo fazer versos,
Com beleza e perfeição,
Se antes toco minha rabeca
Pra buscar inspiração.

Ilustrações: Evandro Marenda

É uma rabequinha antiga
Que se chama Veridiana,
Construída com capricho
Em madeira de imburana.
Tem um som fanhoso e rouco
(Mas garanto que é bacana).

Pois não é que certo dia
Fiquei pasmo e surpreendido:
Veridiana, minha rabeca,
Meu instrumento querido,
Não estava em seu estojo,
Tinha desaparecido!

Procurei-a sem sucesso,
Onde estaria a danada?
E sem ela a me inspirar,
Eu me vi numa enrascada,
Pois queria escrever versos
Mas não produzia nada!

Fui tomado por um "branco",
Uma névoa clara e fina.
As palavras me faltavam
E, em meio a tal neblina,
As estrofes que eu compunha
Fracassaram em metro e rima.

Eu fiquei desesperado
Com essa horrível situação!
E saí de casa louco
De amargura e frustração.
Quando vi tinha chegado
A um parque de diversão.

[...]

Fábio Sombra. *No Reino do Vai Não Vem*.
São Paulo: Scipione, 2013. p. 4-7.

# Unidade 6

## Pavor!

Nunca havia entrado naquele prédio de aparência horrível. Por azar, no meu turno, havia uma correspondência em nome de certo doutor Trevis.

[...]

Eram mesmo 15 andares de meter medo. Podia-se encontrar todo o tipo de gente pelos corredores mal-iluminados. Subir pela escada? Nem pensar! Já ia desistir do jogo quando o barulho do elevador me chamou a atenção. Era um desses modelos antigos, com duas portas, a de madeira e a de metal, modelo pantográfica.

[...] Esperei que a cabine ficasse vazia, abri a porta de madeira, empurrei pro lado a de metal e entrei.

Por dentro, o elevador parecia uma jaula. Que lugarzinho desconfortável! Pressionei o botão do 13º andar e esperei a engenhoca funcionar. A porta dourada fechou-se com um ruído ardido, a máquina chiou e o elevador subiu lentamente, depois de dar uns solavancos. Pelos vãos da grade de metal pude ver as paredes descascadas e imundas passando em ritmo arrastado, com os andares rabiscados em vermelho-sangue... De arrepiar.

Então, sem aviso algum, o elevador deu um tranco e estacionou o corpo pesado entre dois andares. O número na parede indicava o início do 13º andar. "Mau agouro", pensei, aflito. Esperei um pouco e, como nada ocorria, puxei a porta de metal e empurrei a outra porta pra sair, com medo de ficar preso ali. Mas ela estava bloqueada, talvez para minha própria segurança ou... não! Angustiado, pressionei com força o botão do térreo. Nada aconteceu.

Foi então que ouvi coisas arrastando-se no corredor. Parecia o som de passos desencontrados, como se alguém caminhasse de modo diferente ou estivesse sendo arrastado contra a vontade.

Evandro Marenda

O ruído parecia aumentar, vindo em minha direção. Agora, já estava bem perto!

Subitamente, a porta do elevador começou a ser sacudida com violência. Alguma coisa queria entrar...

– Q-quem é? Está p-parado! – gritei, mal podendo respirar de medo.

Não ouvi resposta. Mas vi a sombra que passou furtivamente pelo vão da porta. [...]

Para minha sorte, o elevador chiou e voltou a funcionar, sem aviso. Então, subiu um pouco mais, e parou no 13º andar.

Ao sair esbaforido, dei de cara com um sujeito alto e ossudo parado bem na minha frente, pálido como um fantasma, que segurava uma pequena caixa nas mãos esqueléticas.

Ele me olhou e disse, com voz de morto:

– Carta para mim?

Eu nem pisquei.

– D-doutor T-trevis?

Ele sorriu de modo maligno e me empurrou de volta.

– Vamos descer agora! – disse secamente, arrancando a carta da minha mão e enfiando-a no bolso da calça.

A porta se fechou atrás de nós com rapidez sinistra, o elevador deu novo tranco e começou a descer lentamente. O velho me encarou e eu o fitei, sem jeito. [...]

Ele segurava a caixa com mãos ávidas e brancas.

*O que levaria ali?*

Pouco tempo depois, um estalo fez o elevador parar novamente, mas, desta vez, a luz se apagou na cabine, para meu total desespero. Eu e aquele homem estranho naquele prédio esquisito... presos no elevador!

*Comecei a ficar apavorado.*

Nisso, ouvi o som de papel sendo rasgado. Ele estava abrindo a tal caixa! No escuro? O que guardaria ali? [...]

O ruído de papel sendo rasgado deu lugar a outro, bem mais assustador... O de mandíbulas em ação, destroçando coisas! Ele se alimentava no escuro? O homem estranho podia ser alguma espécie de monstro!

Sufoquei um grito de pavor.

Para minha sorte, o elevador deu novo tranco e reiniciou a descida, na mais profunda escuridão. [...]

Finalmente, chegamos ao térreo! Assim que a porta se abriu e a claridade inundou o ambiente, o homem virou-se para mim e perguntou, com a bocarra lambuzada de creme:

– Aceita uma tortinha, meu rapaz?

"Que pesadelo!", eu pensei, antes de cair fora.

Flávia Muniz. Pavor! In._____. *Fantasmagorias*. São Paulo: Moderna, 2011. p. 51-53, 56.

# Unidade 7

**O maior de todos os mistérios**

Imagine que você entrou em uma daquelas máquinas do tempo que aparecem em filmes de aventura e que ela recuou quase 14 bilhões de anos. Nesse período não existia nada: nem espaço nem tempo. Então, partículas de uma quentura extraordinária começaram a se expandir como massa fermentando.

Parabéns! Você é um felizardo, pois na sua imaginação está assistindo ao BIG BANG: o nascimento do UNIVERSO!

[...]

A máquina continua a viagem. Agora você está há quase 5 bilhões de anos e, da poeira de alguma supernova, surgiu o SOL [...]. Em volta do Sol giram vários planetas, e um deles é o planeta azul que habitamos – a TERRA. [...]

Quando a Terra ainda era muito jovem, tudo era uma bagunça só [...]. Por isso, é claro, não havia condições para a existência de qualquer tipo de vida.

Com o tempo, as coisas foram se acalmando. A vida surgiu primeiro na água, depois migrou para a terra. Houve até a época dos dinossauros, que dominaram o planeta por 250 milhões de anos. [...]

[...] Com a saída de cena dos dinos, os pequenos mamíferos roedores fizeram a festa: foram evoluindo, evoluindo, até o surgimento dos primatas, quer dizer, dos macacos, e, logo depois, dos nossos primos, os gorilas, orangotangos, bonobos e, é claro, os chimpanzés, que são quase 100% geneticamente iguais a nós [...].

Dos chimpanzés vieram uns caras que ainda eram mais bichos do que gente, mas já ficavam em pé, quer dizer, andavam eretos. [...]

Só há uns 200 mil anos, finalmente, apareceram os primatas, que passaram a ser conhecidos como humanos: essa nossa turma recebeu o nome de *Homo sapiens*. Dá para imaginar um casal desse povo andando lá pela planície africana [...] e olhando para o céu contemplando as estrelas? O que pensariam? Que aqueles miraculosos pontos cintilantes eram deuses que moravam no topo do mundo?

Entre nossas orelhas, com um quilo e quatrocentos gramas, está o órgão mais incrível e importante do nosso corpo de primata humano: o **cérebro**. Só para dar uma ideia: na Via Láctea, existem pelo menos 100 bilhões de estrelas; pois bem, dentro do nosso cérebro, há 100 bilhões de células chamadas neurônios [...].

[...]

Os neurônios emitem uns filamentos muito longos, chamados nervos, que estão espalhados por todo o nosso corpo, dos pés à cabeça [...].

O cérebro é o maestro de uma grande orquestra que toca uma sinfonia, na qual cada neurônio é um músico. Como numa orquestra, os neurônios têm de estar muito afinados. [...]

Infelizmente, contudo, há doenças, chamadas de neurodegenerativas, que atacam de uma forma dramática grande parte dos neurônios, como o mal de Parkinson, o que faz com que as pessoas acometidas por essas enfermidades não controlem mais seus movimentos. [...]

Foram décadas de pesquisas em laboratório até que os cientistas desenvolvessem uma tecnologia – a chamada interface cérebro-máquina (ICM) –, um *microchip* que, colocado no cérebro, poderá controlar, num futuro não muito distante, uma veste robótica [...] capaz de não apenas suportar o peso do paciente como permitir que ele volte a andar, correr, se movimentar, e se torne novamente independente. [...]

Não é apenas na medicina que essas interfaces poderão causar uma verdadeira revolução [...].

Por exemplo: em vez de nos comunicarmos pela internet ou por celular, será possível estabelecermos uma comunicação direta de cérebro a cérebro, entre duas ou mais pessoas, à distância. [...]

[...]

Duvida? Quem poderia imaginar que o ser humano conseguiria voar e chegar ao outro lado do mundo em algumas horas, quando, no passado, isso levava meses? Que formulariam medicamentos os mais variados, como os antibióticos e as vacinas que salvam tantas vidas? Que o computador e depois a internet seriam criados? [...] Sempre houve um atrevido ou curioso, o que dá na mesma, que fez a pergunta certa e foi atrás da resposta. A ciência não é feita por um, mas por muitos cientistas que, assim como numa corrida de revezamento, vão passando o bastão para os outros até que – *big bang*! – uma descoberta científica revolucionária possa acontecer.

Nessa grande corrida científica, o Universo nos inspira sempre, pois ele não para de se expandir. E, assim como nossos antepassados nas planícies africanas, nós continuamos a nos deslumbrar com o brilho do céu estrelado. Mas com uma diferença: agora sabemos que os "deuses" somos nós – porque da poeira de estrelas também foi criado o maior de todos os mistérios: **o cérebro humano**.

Miguel Nicolelis e Giselda Laporta Nicolelis. *O maior de todos os mistérios*. São Paulo: Editora do Brasil, 2017. p. 11-16.

## Unidade 8

**O diário de Helga (trecho)**

15 de março de 1939

De manhã, quando acordei, meus pais estavam sentados junto ao rádio, com as cabeças baixas. No começo, não soube o que havia acontecido, mas logo entendi. Uma voz trêmula soava pelo rádio: "Hoje de manhã, às seis e meia, o exército alemão atravessou a fronteira com a Tchecoslováquia". Não entendi exatamente o significado dessas palavras, mas senti que havia algo terrível nelas. O locutor repetiu diversas vezes: "Permaneçam calmos e tranquilos!". Continuei na cama por algum tempo. Meu pai chegou e sentou-se ao meu lado. Ele estava sério e muito preocupado. Não disse uma palavra. Peguei sua mão; estava tremendo. Ficamos em silêncio, quebrado apenas pelo débil tique-taque do relógio. Havia algo pesado no ar. Ninguém queria interromper aquele silêncio estranho. Permanecemos assim por vários minutos. Então me vesti e fui à escola. Minha mãe me acompanhou. Ao longo do caminho, encontramos rostos familiares e desconhecidos. Podia-se ler a mesma coisa em todos os olhares: medo, tristeza e a pergunta: "O que vai acontecer agora?".

Na escola, o clima era de tristeza. Os papos alegres e os risos despreocupados das crianças se transformaram em sussurros assustados. Grupos de meninas mergulhadas em conversas podiam ser vistos nos corredores e nas salas de aula. Quando o sinal tocou, a gente foi para as salas. Não houve muita aula. Estávamos distraídos e ficamos aliviados quando o sinal tocou mais uma vez. Depois da aula, vários pais esperavam os filhos. Minha mãe foi me buscar. A caminho de casa, vimos montes de carros e tanques alemães. O dia estava gelado; chovia, nevava, o vento uivava. Era como se a natureza protestasse.

[...]

1º de setembro de 1939

A guerra estourou. Ninguém se surpreendeu. Do jeito como as coisas se passavam, a gente contava com isso. [...]

▶ Helga em 2013, aos 84 anos, em visita a uma antiga estação ferroviária de Praga, pela qual eram transportados judeus em direção ao campo de concentração.

Helga Weiss. *O diário de Helga*. Rio de Janeiro: Intrínseca, 2013. p. 29-30, 32.

## Unidade 9

**Chapeuzinho Vermelho**

Num certo povoado, perto de um bosque, vivia uma linda menina. Tão linda, que parecia um anjinho. Era muito amada pela mãe e também por sua vovozinha que, entre muitos outros presentes, fez para ela uma linda capa vermelha. Desde então, a menina passou a ser chamada de Chapeuzinho Vermelho.

Certo dia, depois de brincar, Chapeuzinho Vermelho entrou em casa e viu sobre a mesa deliciosos bolos. Achando que eram para ela, perguntou à mãe se podia comê-los.

– São para a vovozinha, que está muito doente – respondeu sua mãe. – Quero que leve para ela estes bolos e um pote de geleia.

– Sim, mamãe. Talvez com estes presentes ela se sinta melhor...

Chapeuzinho colocou tudo numa cesta, deu um beijo em sua mãe e saiu rumo à casa da vovozinha, que ficava do outro lado do bosque.

Ela ia cantando pelo caminho quando, ao atravessar o bosque, encontrou um lobo mais faminto do que nunca.

A menina era um delicado banquete para seus dentes afiados. Mas, quando ia abrindo sua boca enorme, avistou alguns lenhadores bem perto dali. Escondeu-se como pôde e passou perto da menina, dizendo com voz doce:

– Como você é bonita, menina! Qual é o seu nome?

– Todos me chamam de Chapeuzinho Vermelho.

– Que lindo nome! E aonde vai, tão sozinha?

– Vou visitar minha avó. Estou levando bolo e um pote de geleia que minha mãe preparou.

Como a menina era muito educada, respondia amavelmente às perguntas do lobo, sem imaginar o perigo que corria.

– Então sua vovozinha está doente? Puxa! E a casa dela fica muito longe daqui?

– Muito! – respondeu Chapeuzinho. – Estou na metade do caminho. Está vendo aquele moinho lá longe? Ela mora ali perto, na primeira casa da aldeia.

O lobo pensou uns instantes e, depois de esfregar o focinho com as patas, disse:

– Sabe de uma coisa, Chapeuzinho? Vou acompanhar você nesta visita.

– Você conhece minha vovozinha?

– Não, mas quero conhecê-la.

– Bem, então nós dois vamos visitá-la.

– Sim, mas vamos separados. Eu vou por um outro caminho e encontro você lá, assim veremos quem chega primeiro.

Depois de dizer estas palavras, o lobo partiu correndo por um caminho mais curto e deixou para Chapeuzinho o caminho mais comprido, para chegar antes dela e esperá-la.

O lobo precisou de pouco tempo para chegar à casa onde morava a avó de Chapeuzinho Vermelho. Bateu à porta e, lá de dentro, a vovozinha perguntou:

– Quem é?

– Chapeuzinho Vermelho – disse o lobo, disfarçando a voz. – Estou trazendo bolo e um pote de geleia...

A velhinha, acreditando que era sua neta, respondeu:

– Entre, minha querida. A porta está aberta...

Assim que o malvado lobo entrou, atirou-se sobre a velhinha e devorou-a numa só dentada.

Pouco depois, chegava Chapeuzinho Vermelho. Ao encontrar a porta fechada, bateu delicadamente.

– Quem é? – perguntou o lobo, com voz rouca.

A menina assustou-se ao ouvir aquela voz tão feia, mas imaginou que sua vovozinha estivesse resfriada.

– Sou eu, vovó, sua netinha. Trouxe bolo e um pote de geleia – disse a menina. – Mas como você está rouca!

Então o lobo disfarçou a voz:

– Não se preocupe, queridinha. Empurre a porta e entre.

Chapeuzinho entrou sem desconfiar, enquanto o terrível animal escondia a cabeça sob as cobertas.

– Como se sente? – disse a menina, aproximando-se da cama.

– Estou muito resfriada – respondeu o lobo, com uma voz doce. – Feche bem a porta – acrescentou.

Já perto da cama, Chapeuzinho exclamou:

– Que braços grandes você tem, vovó!

– São para lhe abraçar melhor – respondeu o lobo.

– E esses olhos tão grandes?

– São para lhe ver melhor.

– Mas, vovozinha, que orelhas grandes!

– São para lhe ouvir melhor, querida.

Depois de um breve silêncio, Chapeuzinho perguntou:

– Vovozinha, e esses dentes enormes?

– São para comer você!

E o feroz animal atirou-se sobre a menina para devorá-la. Mas Chapeuzinho começou a gritar e chamou a atenção dos lenhadores.

Ao ouvirem a menina, eles correram até a casinha, mataram o lobo e salvaram a vovó.

Depois disso, Chapeuzinho Vermelho contou a seus amiguinhos o que havia acontecido e aconselhou-os a terem cuidado na hora de escolherem suas amizades, pois as más companhias e os falsos amigos costumam trazer surpresas desagradáveis como a do malvado lobo.

Edson Meira (Coord.). *Contos de Andersen, Grimm e Perrault*.<br>Curitiba: Libris, 2013. p. 128-137.

## Atividades para casa

### Unidade 1

Leia a notícia a seguir para fazer as atividades de 1 a 6.

## Município de Nazaré Paulista promove campanha de vacinação contra raiva – cães & gatos

O município de Nazaré Paulista, através do departamento da Vigilância Sanitária, lança a campanha de vacinação contra a raiva de cães e gatos. A mobilização acontecerá de 16 de agosto [...] até 31 de agosto, em pontos estratégicos da cidade, com unidade itinerante e atendendo também a área rural do município.

A raiva é transmitida do animal para o homem e apresenta uma alta taxa de mortalidade, chegando a alcançar quase 100% entre os animais. Os principais transmissores são os animais silvestres, como morcegos, gambás e macacos, que contaminam cachorros, gatos e humanos de forma acidental. Os principais sintomas são o aparecimento repentino de uma agressividade no animal, salivação excessiva e paralisia.

Para a coordenadora da campanha, ela visa garantir a saúde e proteção dos animais. "Todos os cães e gatos podem ser vacinados, exceto aqueles que se encontrem doentes. A idade mínima para vacinação é de três meses, seguido de uma dose de reforço. Lembrando que a vacina é a única forma de garantir a saúde e proteção desses animais contra a raiva", destacou a coordenadora.

[...]

*Prefeitura Municipal de Nazaré Paulista*, 7 ago. 2017. Disponível em: <www.nazarepaulista.sp.gov.br/noticia/1645/municipio-de-nazare-paulista-promove-campanha-de-vacinacao-contra-raiva-caes-gatos>. Acesso em: 15 abr. 2019.

### Glossário

**Itinerante:** que se desloca de um lugar para outro.
**Rural:** campestre; do campo.

**1** Releia o primeiro parágrafo e escreva no quadro as informações pedidas.

| | |
|---|---|
| O quê? | |
| Quem? | |
| Onde? | |
| Quando? | |

**2** Escreva **V** para as frases verdadeiras e **F** para as falsas, de acordo com a notícia.

☐ A campanha de vacinação não atenderá a área rural de Nazaré Paulista.

☐ O cão não é o principal transmissor da raiva.

☐ A campanha de vacinação é para cães e gatos.

**3** Qual é o objetivo da campanha de acordo com a coordenadora?

_____

**4** O risco de morrer após contrair a raiva é maior em pessoas ou em animais? Explique de acordo com a notícia.

_____

_____

**5** Releia o terceiro parágrafo.

a) A quem se refere o pronome **ela** em "ela visa garantir a saúde e proteção dos animais"?

_____

b) Nesse parágrafo há um trecho entre aspas. Por que ele está entre aspas?

_____

_____

**6** Releia este trecho do terceiro parágrafo.

    Para a coordenadora da campanha, ela visa garantir a saúde e proteção dos animais. "Todos os cães e gatos podem ser vacinados, exceto aqueles que se encontrem doentes. [...] a vacina é a única forma de garantir a saúde e proteção desses animais contra a raiva", **destacou** a coordenadora.

O verbo de elocução destacado nesse parágrafo poderia ser substituído por qual destes verbos sem alterar o sentido da frase?

☐ Ressaltou.

☐ Gritou.

☐ Pediu.

Leia este trecho de uma crônica para fazer as atividades 7 e 8.

## Meus dias com o Elvis

Levou menos de 24 horas para eu me apaixonar.

Seu olhar amoroso, seu jeito alegre e manso. A liberdade de ir chegando e se deitando a meus pés. De fazer de meus chinelos um suave travesseiro. A soma de todos esses afetos, entregues gratuitamente, derreteu meu coração de imediato.

[...]

O cãozinho foi um pedido de minha filha mais velha. Ela chorou durante meses, dizendo que o queria. Era mais que querer, ela dizia.

Ela precisava de um cachorrinho. Ela usou todos os argumentos. Todas as amigas tinham. Um cãozinho é um animal tão fofinho, ela disse. Ela queria muito ter um.

Resisti o quanto pude. Animais dão um trabalho danado. Dão despesa. [...]

[...]

Quinta-feira, sete da noite, meu fusquinha na marginal Pinheiros, cercado de caminhões furiosos por todos os lados. A mais velha e a mais nova no banco de trás, excitadas, na aventura de ir buscar o cãozinho. 160 quilômetros de congestionamento em horário de pico. O que a gente não faz por amor, eu pensava.

Chegamos à casa da doadora uma hora mais tarde. Eu estava exausta. A cachorrada veio nos receber. A mãe com carinha de quem vai perder um afeto, mas já confortada pela sua sábia natureza canina. Uma beleza de cachorra.

O Elvis veio logo para o meu colo. As meninas não chegaram nem perto. Elas têm medo de cachorro, expliquei à doadora. Mas vai levar assim mesmo? Ela vai perder o medo, arrisquei. Ela quer muito ter um cãozinho.

[...]

Marília César. *Folha Vitória*, 5 set. 2011. Disponível em: <www.folhavitoria.com.br/geral/blogs/petblog/2011/09/05/uma-linda-cronica>. Acesso em: 15 abr. 2019.

**7** Releia a primeira frase da crônica.

a) Nesse início do texto, o leitor consegue saber por quem a autora se apaixonou? Explique.

**b)** Em que parágrafo a autora revela por quem se apaixonou?

_____

**c)** O que você achou dessa forma de iniciar a crônica? Por quê?

_____

_____

**d)** Sublinhe, no texto, a parte que explica por que a autora se apaixonou.

**8** Qual destas afirmações vale para o trecho lido da crônica "Meus dias com o Elvis"?

☐ A crônica apresenta humor, seu objetivo é fazer o leitor rir.

☐ A crônica fala de uma situação cotidiana de forma pessoal.

☐ A crônica apresenta linguagem informal: há várias gírias e abreviações.

**9** Leia estas palavras: **caçula**, **vacina**, **lenço**, **precisava**, **casa**, **confortada**, **bagunça**, **receber**, **binóculo**.

**a)** Separe as sílabas das palavras.

_____     _____     _____

_____     _____     _____

_____     _____     _____

**b)** Organize as palavras no quadro.

| C com o som /k/ | C com o som /s/ | ç |
|---|---|---|
| | | |
| | | |
| | | |

**c)** Marque as alternativas corretas.

☐ A letra **c** representa o som /k/ quando vem antes de **a**, **o** ou **u**.

☐ A letra **c** representa o som /s/ quando vem antes de **a**, **o** ou **u**.

☐ Nas palavras escritas com **ç**, a vogal seguinte é **a**, **o** ou **u**.

**Unidade 2**

Leia as regras do jogo a seguir para fazer as atividades de 1 a 6.

**Salve-se com um abraço**

**Objetivo do jogo:** Desenvolver através do jogo fatores ligados a afetividade, contato com o outro e companheirismo entre os participantes.

**Material:** Espaço amplo, balão ou bola.

**Descrição:** Participantes dispostos na quadra ou em outro espaço, um dos jogadores será escolhido para ser o pegador, o qual ficará com uma bola na mão. O pegador perseguirá os outros jogadores, tentando tocar a bola na barriga de alguém do grupo, tentando passar assim a função para outro. Os jogadores fugitivos poderão ficar imunes momentaneamente, se conseguirem abraçar um outro colega no momento da fuga. Em um certo momento do jogo, o professor acrescenta um pegador [...] no jogo (ou mais de um), com uma bola nas mãos, tornando o jogo mais movimentado.

**Dicas:** Pode-se fazer em forma de pega-pega ao invés de usar bolas; os alunos (pegadores) podem usar balões ou coletes de cor diferente dos demais.

Conforme a dinâmica do grupo, o professor pode sugerir mais de um pegador e abraços em trios, quartetos.

Marizete Querini. *Caderno pedagógico – Jogos cooperativos*: nova tendência na Educação Física escolar. Curitiba: Secretaria de Estado da Educação, 2013.

**1** Releia o objetivo do jogo. Nessa frase, a palavra **afetividade** poderia ser trocada por qual destas palavras sem causar uma grande mudança de sentido?

☐ Sentimentos. ☐ Alegria. ☐ Cooperação.

**2** Releia esta parte do texto:

**Material:** Espaço amplo, balão ou bola.

O espaço amplo foi indicado como um dos materiais necessários para o jogo. Essa informação também poderia ter sido dada separadamente em qual destes itens?

☐ Quem vence. ☐ Regras do jogo. ☐ Onde jogar.

**3** No texto não se diz para qual faixa etária o jogo é indicado. Em sua opinião, o jogo **salve-se com um abraço** é adequado para qual idade? Justifique.

_____

_____

_____

**4** Releia o trecho a seguir.

Os jogadores fugitivos poderão ficar imunes momentaneamente, se conseguirem abraçar um outro colega no momento da fuga.

a) Nessa frase, o que significa dizer que os jogadores poderão ficar imunes?

_____

_____

_____

b) Qual é a condição para os jogadores ficarem imunes?

_____

**5** Quem você supõe que sejam os leitores desse texto, isto é, para quem ele parece ter sido escrito?

_____

_____

_____

**6** Marque as características do gênero regras de jogo presentes no texto lido.

☐ Não há explicação sobre o objetivo do jogo.

☐ Há expressões que indicam ordem, como "um dos jogadores será escolhido".

☐ Há explicações sobre como se joga.

☐ No texto, se diz se o jogo é indicado para crianças, jovens ou adultos.

**7** Leia a tirinha abaixo.

> — PRECISO DECORAR ESTE TEXTO ATÉ AMANHÃ...
> ...VOU VIRAR A NOITE...
>
> — NÃO SE PREOCUPE, MÃE...
> ...EU AJUDO A SENHORA!
>
> — A GENTE DESENHA UMAS BORBOLETAS E PASSARINHOS...
> ...E VAI FICAR BEM BONITO!

Alexandre Beck 2274/16 — Alexandre Beck

Alexandre Beck.

a) No primeiro quadrinho da tira, a mãe está preocupada. Com o quê?

_____

_____

b) Na fala da mãe, "decorar" é o mesmo que:

☐ desenhar.

☐ memorizar.

☐ escrever.

c) O menino oferece ajuda à mãe. Como ele pretende fazer isso?

_____

_____

d) Armandinho entendeu a palavra "decorar" com qual sentido? Explique.

_____

_____

_____

**8** Leia o texto a seguir.

### *Origami* de avião

[...] este *origami* é para quem está começando a aprender a fazer dobraduras. O diagrama mostra como fazer um simples avião de papel.

**Glossário**

**Origami:** arte tradicional japonesa de dobraduras de papel para formar figuras que representam animais, flores, objetos.

Avião de papel

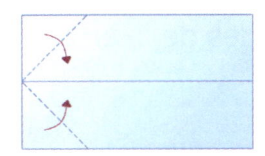

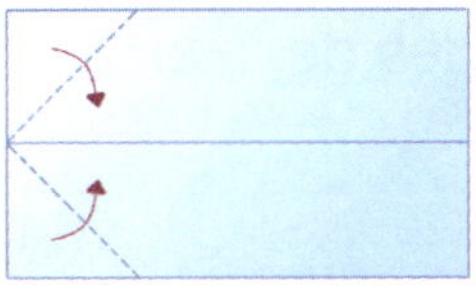

1. Dobre a linha pontilhada em direção ao centro.

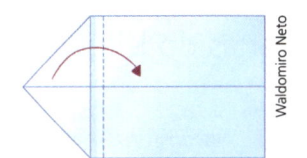

2. Dobre na linha pontilhada.

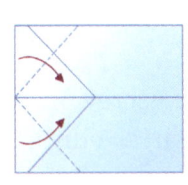

3. Dobre a linha pontilhada em direção ao centro.

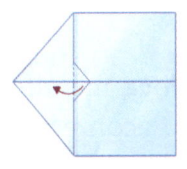

4. Dobre na linha pontilhada.

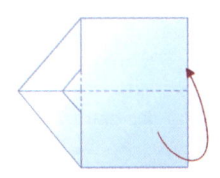

5. Dobre para trás na linha pontilhada.

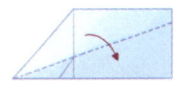

6. Dobre na linha pontilhada.

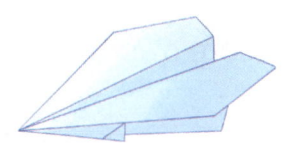

7. Pronto!

*Como fazer* origami. Disponível em: <www.comofazerorigami.com.br/origami-de-aviao>. Acesso em: 8 abr. 2019.

a) Sublinhe no texto o trecho que diz para quem esse *origami* é indicado.

b) Que material é necessário para fazer o avião? Como o leitor fica sabendo isso?

_____

_____

c) Em textos instrucionais, é comum o uso de palavras que indicam ordem. Circule no texto os verbos que exprimem ordem.

d) Além das frases, que recurso foi usado para mostrar ao leitor como fazer o avião?

_____

## Unidade 3

Leia as cartas do leitor a seguir para fazer as atividades de 1 a 5.

https://jornaljoca.com.br/portal/cartas-do-leitor-escola-nossa-senhora-das-gracas/

Gosto de ler o **Joca**. Com o jornal, desenvolvi o gosto pela leitura e me informei sobre o que estava acontecendo no mundo. Agora sei como se chama cada parte do jornal e como devemos escrever um depoimento. Continuo assinando com gosto.
**Rafael F.**

Vocês do **Joca** me informam muito a cada edição. Vocês escrevem tudo o que aconteceu, está acontecendo ou que ainda acontecerá. Há várias editorias que eu amo, como "Ciência e Tecnologia", "Esportes", entre outros. Amo o jornal e assino com prazer.
**Edoardo G.**

Eu não gosto do jornal **Joca**, pois não gosto de ler e sim de ouvir notícias.
**Diogo**

Joca. Disponível em: <https://jornaljoca.com.br/portal/cartas-do-leitor-escola-nossa-senhora-das-gracas/>. Acesso em: 8 abr. 2019.

**1** As pessoas que escreveram essas cartas são:

☐ amigas de uma pessoa chamada Joca.

☐ pessoas interessadas em saber informações sobre o Joca.

☐ leitores de um jornal chamado Joca.

**2** O autor da primeira carta cita duas coisas que aprendeu lendo o Joca. Quais foram?

_____
_____

**3** As três cartas contêm a mesma opinião sobre o Joca? Explique.

_____
_____
_____

**4** Com base nessas cartas do leitor enviadas ao *Joca*, marque alguns dos objetivos das cartas de leitor enviadas a jornais e revistas.

☐ Opinar sobre a publicação.   ☐ Criticar a publicação.

☐ Elogiar a publicação.   ☐ Dar uma notícia.

**5** Sempre que se apresenta uma opinião sobre algo, é preciso justificá-la. Pensando nisso, releia a primeira carta e complete o quadro.

| Opinião do leitor Rafael F. | Argumentos que justificam essa opinião |
|---|---|
| "Gosto de ler o *Joca*." | 1º) "desenvolvi o gosto pela leitura" |
| | 2º) _____ |
| | 3º) _____ |

**6** Forme palavras derivadas das palavras abaixo usando os afixos (prefixos e sufixos) do quadro. Você pode usar o mesmo afixo em mais de uma palavra.

a) gosto: _____

b) jornal: _____

c) esporte: _____

d) ler: _____

| Prefixo (afixo que vem no começo da palavra) | Sufixo (afixo que vem no fim da palavra) |
|---|---|
| re- des- | -oso -eiro -ista |

**7** Forme palavras que nomeiam profissões acrescentando um sufixo às palavras abaixo.

a) carta: _____   c) chave: _____

b) porta: _____   d) verdura: _____

8) Leia esta sinopse publicada no *blog* infantil de um jornal.

Maria Zélia V. Machado. *O Estado de S. Paulo*, 15 dez. 2012. Estadinho. Disponível em: <www.estadao.com.br/blogs/estadinho/wp-content/uploads/sites/580/2012/12/Página-18.jpg>. Acesso em: 9 abr. 2019.

a) Do que o texto trata?

b) Quem escreveu esse texto e qual é a profissão dessa pessoa?

c) Quem escreveu o livro *Sapo Ivan e a serpente*?

d) Circule na imagem acima a parte que fala sobre o autor, os personagens e a história do livro.

e) Pelo texto, pode-se dizer que Maria Zélia V. Machado gostou do livro *Sapo Ivan e a serpente*? Copie um trecho do texto para confirmar sua resposta.

**f)** Do lado esquerdo do texto, há cinco nomes de livros, numerados do primeiro ao quinto. O que essa lista provavelmente representa? Como você pensou para responder?

_____

_____

_____

_____

**g)** De onde foram tiradas as perguntas e respostas que aparecem do lado direito do texto?

_____

_____

**9** Separe as sílabas destas palavras.

a) Simbá: _____

b) poderá: _____

c) fôlego: _____

d) ninguém: _____

e) também: _____

f) diálogos: _____

**10** Escreva as palavras da atividade 9 nas colunas de acordo com a sílaba pronunciada com mais força.

| 1º grupo (última sílaba forte) | 2º grupo (antepenúltima sílaba forte) |
|---|---|
|  |  |

**11** Justifique o uso de acento gráfico nessas palavras.

a) As palavras do 1º grupo são acentuadas porque _____

_____

b) As palavras do 2º grupo são acentuadas porque _____

_____

# Unidade 4

Leia a reportagem a seguir para fazer as atividades de 1 a 6.

www1.uol.com.br/criancas/report/fn260409.htm

### De onde vêm os cometas?

O cometa C/1995 O 1 ou Hale-Bopp foi descoberto em 23 de julho de 1995.

Dois astrônomos, Alan Hale, no Novo México, e Thomas Bopp, no Arizona (Estados Unidos), encontraram o cometa enquanto observavam uma região de aglomerados de estrelas conhecida como "Messier 70", na constelação de Sagitário.

Eles fizeram a descoberta quase ao mesmo tempo, por isso o nome "Hale-Bopp".

Acredita-se que os cometas fiquem viajando (orbitando) em uma região fora do nosso Sistema Solar chamada "Nuvem de Oort". A Nuvem de Oort fica a 150 mil unidades astronômicas da Terra (uma unidade astronômica é a distância média da Terra ao Sol).

Às vezes, os cometas, por causa de modificações gravitacionais, são atraídos para nosso Sistema Solar.

▶ Passagem do cometa Hale-Bopp em 1997.

### Ajudam a entender o Sistema Solar

Os cometas são bem-vindos para cientistas e astrônomos. Hoje, eles têm muitos meios para descobrir mais sobre a história da formação do nosso Sistema Solar que os cometas guardam.

Os cometas são formados de substâncias químicas – poeira, gás carbônico (como o que há no extintor de incêndio), entre outras.

Ainda não se sabe com certeza como o Sistema Solar nasceu. É possível que tenha sido originado de uma grande nuvem de poeira e gases.

É importante estudar os cometas porque as substâncias que os formam são, provavelmente, restos de explosões no espaço durante a formação do Sistema Solar.

Os cientistas estudam os cometas através de telescópios e sondas feitos especialmente para observá-los e fotografá-los.

**Cometa no céu, desgraça na Terra**

Catástrofes e pestes sempre existiram. Antigamente, era difícil não achar que essas desgraças aconteciam por causa do cometa que passava. O cometa era um sinal que poderia ser "lido" no céu.

Os cometas foram temidos por muitos povos na Antiguidade. Os incas do Peru acreditavam que, quando os cometas passavam, era um sinal de que o deus sol, Inti, estaria bravo. Mais que depressa, crianças eram sacrificadas (mortas) e oferecidas ao deus, para acalmar sua raiva.

Aristóteles (384-322 a.C.), que escreveu sobre todas as ciências, deu um outro nome aos cometas: Fogo Potencial.

Ele acreditava que os cometas eram um fenômeno da atmosfera da Terra. Eles não vinham de outro lugar. Eram chamados de Fogo Potencial porque, na teoria de Aristóteles, a atmosfera (ar) poderia se transformar potencialmente (vir a ser) em fogo.

A partir do século 20, os cientistas começaram a estudar a formação dos cometas. Os cometas deixaram de ser associados só às más sortes ou aos humores dos deuses.

Laura de Guglielmo. *Folha de S.Paulo*, 26 abr. 1997. Folhinha.
Disponível em: <www1.uol.com.br/criancas/report/fn260409.htm>.
Acesso em: 22 abr. 2019.

**1** As repostas para as questões a seguir você encontrará no lide da reportagem.
   **a)** O que foi descoberto?

   **b)** Quem descobriu?

   **c)** Quando aconteceu essa descoberta?

**2** Por que o cometa foi batizado de Hale-Bopp?

**3** Marque a alternativa correta de acordo com os parágrafos do bloco "Ajudam a entender o Sistema Solar".

☐ Os cometas são importantes para se conhecer a história da formação do Sistema Solar.

☐ Os cometas permitem ter certeza de que o Sistema Solar nasceu de uma grande nuvem de poeira e gases.

☐ É importante estudar os cometas porque as substâncias que os formam provocam explosões no espaço.

**4** O bloco "Cometa no céu, desgraça na Terra" fala sobre:

☐ as catástrofes provocadas pela passagem de cometas.

☐ o significado dos cometas para diferentes povos ao longo da história.

**5** Releia:

    Acredita-se que os cometas fiquem viajando (orbitando) em uma região fora do nosso Sistema Solar chamada "Nuvem de Oort". A Nuvem de Oort fica a 150 mil unidades astronômicas da Terra (uma unidade astronômica é a distância média da Terra ao Sol).

    Os cometas são formados de substâncias químicas – poeira, gás carbônico (como o que há no extintor de incêndio), entre outras.

a) Qual é a função dos trechos entre parênteses nessas frases?

_____

_____

b) Identifique e circule, na reportagem, outros trechos entre parênteses usados com a mesma função.

c) Você viu que essa reportagem foi publicada em um *blog* destinado às crianças. Qual é a relação entre esse uso dos parênteses e o público que lerá a reportagem?

_____

_____

**6** Leia a frase a seguir.

　　Antigamente, se alguém **visse** um cometa, pensaria que era sinal de desgraça. Muita gente tinha essa **crendice**.

a) Leia as palavras destacadas em voz alta e circule as letras que representam o mesmo som.

b) A que classes gramaticais pertencem as palavras **visse** e **crendice**, respectivamente?

☐ Verbo e substantivo.

☐ Substantivo e verbo.

☐ Verbo e verbo.

**7** Complete as palavras das frases a seguir com -**isse** ou -**ice**. Para isso, observe se a palavra é um verbo ou um substantivo.

a) A meigu_____ do menino encantava todo mundo.

b) Gostaria que ela dirig_____ com mais cuidado na estrada.

c) Caso ela se divert_____, não sairia cedo da festa.

**8** Leia este verbete de dicionário.

> **fotografia**
> fo.to.gra.fi.a
> sf.
> **1.** Arte ou processo de reproduzir, pela ação da luz ou de qualquer espécie de energia radiante, sobre uma superfície sensibilizada, imagens obtidas mediante uma câmara escura.
> **2.** A imagem obtida nesse processo; foto, retrato.
> **3.** FIG. Cópia ou reprodução fiel e exata de algo.

*Michaelis – Dicionário brasileiro da língua portuguesa*. Disponível em: <https://michaelis.uol.com.br/moderno-portugues/busca/portugues-brasileiro/fotografia>. Acesso em: 15 abr. 2019.

**FIG.** quer dizer "figurado". Em qual destas frases a palavra **fotografia** foi usada em sentido figurado?

☐ A fotografia da ministra saiu na primeira página do jornal.

☐ Esse menino é uma fotografia do pai.

☐ Quando crescer, quero estudar fotografia.

271

**9** Sobre a palavra **fotografia**, responda às questões a seguir.

a) Quantas sílabas tem essa palavra?

_____

b) A que classe gramatical ela pertence?

_____

c) Qual é o gênero de **fotografia**?

_____

**10** Leia a capa de livro ao lado.

a) O que a imagem da capa representa?

_____

_____

_____

b) Agora leia o título do livro. Essa palavra é formada por quais outras palavras?

_____

_____

**11** O nome do livro da atividade anterior é uma palavra formada por composição. Forme cinco palavras por composição unindo palavras do quadro. Atenção: use hífen para unir os elementos de cada nova palavra.

| segunda | russa | guarda | cuca | algodão |
|---------|-------|--------|------|---------|
| montanha | doce | feira | mestre | roupa |

_____

_____

**Unidade 5**

Leia a lenda a seguir para fazer as atividades de 1 a 4.

### Kanata Wenjausu – A origem da noite

Havia dois pajés: um, o mais velho, era mais sábio e se chamava Waninjalosu; o outro, o mais novo, chamado Sanerakisu, era um pouco atrapalhado. O mais sábio era o dono e cuidava das duas cabaças, *walxusu*, onde ficavam guardados a noite e o dia. Ele controlava a abertura das cabaças, mas a cabaça da noite ele controlava mais, para que o dia surgisse mais longo do que a noite.

Certa vez, Waninjalosu foi à casa de Sanerakisu e disse:

– Eu vou passar um tempo no campo e quero que você cuide das duas *walxusu*. A cabaça do dia você pode destampar e deixar toda aberta, mas a da noite abra só um pouquinho. Tome cuidado para que a noite não escape.

Sanerakisu se confundiu e trocou as *walxusu* de lugar. Na hora de abrir uma delas, pensou: "E agora? O que eu faço? Preciso continuar a fazer o dia e a noite aparecerem, senão, quando Waninjalosu voltar, vai ficar bravo comigo".

Então, destampou totalmente uma das *walxusu* e... o mundo escureceu!

Na mesma hora ele tampou a cabaça outra vez, mas de nada adiantou: estava tudo escuro, não existia mais dia, era só noite, *kanâtisu*.

Sanerakisu ficou triste e não sabia o que fazer. Então, subiu numa árvore e ficou gritando para ver se alguém ouvia:

– Hu, u, u, u... Foi mudando um pouquinho a voz, virando passarinho, esticando a voz.

Ainda hoje ele fica de bico para cima esperando o sol nascer. Só anda e canta à noite, na época da chuva. É o pássaro chorão chamado *uhsu*, que significa "bico para cima". Ele se parece com casca de árvore, por isso é muito difícil vê-lo.

Renê Kithãulu. *Irakisu, o menino criador*. São Paulo: Peirópolis, 2002. p. 13-14.

1. De acordo com o texto, como surgiu a noite?

2. No texto não se diz onde e quando a história se passa. Porém, o leitor pode imaginar o cenário e a época com base em informações dadas no texto.
   a) Onde e em que época você acha que a narrativa se passa?

   b) O que você observou para responder ao item anterior?

3. Além de dar uma explicação para a origem da noite, a narrativa também mostra a origem de um ser vivo. Qual?

4. A lenda que você leu foi tirada de um livro de Renê Kithãulu, do povo waikutesu dos nambikwaras, que vivem em Mato Grosso e Rondônia. Esse autor diz que contar histórias do povo dele é uma forma de chegar até a escola ou a casa dos leitores e começar com eles uma amizade.

   Para você, conhecer as histórias tradicionais de um povo é uma forma de aproximar-se dele e formar laços de amizade e respeito? Por quê?

Leia, a seguir, as primeiras estrofes de um poema de cordel, depois faça as atividades de 5 a 7.

### A pedra do meio-dia ou Artur e Isadora

Leitores, pra esta história
lhes peço toda atenção
porque nela se encerra
um exemplo, uma lição:
a verdade disfarçada
pelos véus da ilusão.

Artur era um andarilho
que vivia a vaguear
atravessando países
pela terra e pelo mar
em busca de injustiças
que ele pudesse acabar.

Seu braço era vigoroso,
o seu coração, leal.
Brigando era redemoinho,
jamais ele se deu mal:
ligeiro como um corisco
não havia outro igual.

Um dia Artur penetrou
num reino desconhecido
que em todas as viagens
nunca tinha percorrido:
contemplou suas paisagens
com olhar embevecido.

Ele, um herói viajante,
a coisa que mais gostava
era da primeira vez
que numa nação entrava
para ver o que o destino
por ali lhe reservava.

Artur caminhou tranquilo
vários dias, até quando
ao passar numa floresta
parou, ficou escutando,
e percebeu o ruído
duma pessoa chorando.
[...]

Braulio Tavares. *A pedra do meio-dia ou Artur e Isadora*. São Paulo: Ed. 34, 2009. p. 9-10.

**5** O poema "A pedra do meio-dia ou Artur e Isadora" narra uma história. Com base nas estrofes que você leu, é possível imaginar quem é o herói – ou um dos heróis – da narrativa? Explique.

_____

_____

**6** O poema conta a história do andarilho Artur e de Isadora, que precisa encontrar a pedra do meio-dia para salvar seu reino enfeitiçado por um gigante. Releia as estrofes e responda:

a) Quantos versos há em cada estrofe?

_____

b) Há rimas em todas as estrofes?

_____

c) Em caso positivo, quais são os versos que rimam?

_____

**7** Releia a terceira estrofe.

Seu braço era vigoroso,
o seu coração, leal.
Brigando era redemoinho,
jamais ele se deu mal:
ligeiro como um corisco
não havia outro igual.

a) No verso "Seu braço era vigoroso", a quem se refere a palavra **seu**?

_____

b) No terceiro verso dessa estrofe se diz que, brigando, Artur "era redemoinho". Por essa expressão, como o leitor pode imaginar que Artur agia quando brigava?

_____

_____

**8** Leia as capas de livro ao lado.

a) Pelas capas, qual você imagina que seja o assunto dos livros?

_____

_____

_____

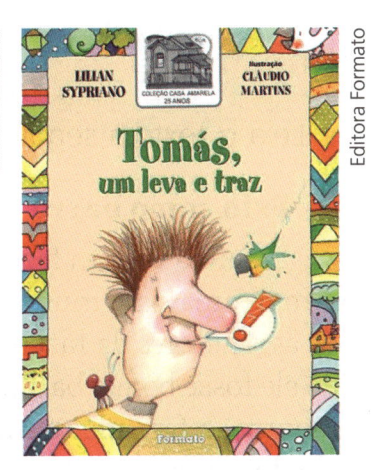

b) Releia os títulos prestando atenção nas palavras **trás** e **traz**.

◆ Qual dessas palavras é um verbo? _____

◆ E qual delas quer dizer "atrás"? _____

**9** Leia esta tirinha.

Mauricio de Sousa.

a) O que Chico Bento quer dizer quando responde ao amigo que está plantando uma árvore de esperança?

_____

_____

b) Circule na tirinha as palavras que estão escritas reproduzindo a maneira como foram pronunciadas pelos personagens.

c) Essa grafia está de acordo com a história e com os personagens? Por quê?

_____

_____

_____

277

**Unidade 6**

Leia o texto a seguir para fazer as atividades de 1 a 4.

**Frio como barro**

Era uma vez um fazendeiro que tinha uma filha, a pessoa que ele mais amava no mundo. A moça acabou se apaixonando por um dos agricultores da fazenda chamado Jim, mas seu pai não achou que ele fosse bom o bastante para a filha. Para mantê-los longe um do outro, o fazendeiro mandou-a para morar com o tio do outro lado do condado.

Logo depois que a moça foi embora, Jim caiu doente, definhou e acabou morrendo. Todos dizem que o rapaz morreu por causa do coração partido. O fazendeiro se sentiu tão culpado pela morte de Jim que não conseguiu contar à filha o que acontecera. Ela continuou pensando no rapaz e em como seria se os dois vivessem juntos.

Certa noite, muitas semanas depois, ouviram-se batidas na porta da casa do tio da moça. Quando ela abriu aporta, Jim estava lá de pé.

[...]

**Glossário**

**Condado:** divisão territorial em alguns países.

Alvin Schwartz. *Histórias assustadoras para contar no escuro*. Rio de Janeiro: José Olympio, 2016. p. 35-36.

**1** Marque as alternativas corretas. A expressão "era uma vez" mostra ao leitor que:

☐ a narrativa se passa em um tempo antigo não determinado.

☐ o que será contado são fatos reais, que aconteceram de verdade.

☐ o que será contado é uma história inventada.

**2** Por que, provavelmente, o pai da moça achou que Jim não era bom o suficiente para ela?

_____

_____

3  Marque as afirmações corretas de acordo com o texto.

☐ O pai da moça impediu-a de casar-se com o agricultor.

☐ O pai da moça adoeceu e acabou morrendo.

☐ O pai arrependeu-se de ter afastado a moça do agricultor.

☐ A moça voltou da casa do tio quando soube que Jim estava doente.

4  Circule no texto "Frio como barro" o parágrafo que introduz na história um elemento sobrenatural.

5  Observe as capas de livro a seguir.

Esses livros são indicados para crianças ou adultos? Que elementos das capas mostram isso?

_____
_____
_____
_____
_____
_____

**6** Reescreva o título "O que os olhos não veem" trocando "os olhos" por "a gente".

_____

❖ **Vê** e **veem** são formas do verbo:

☐ vir. ☐ ver.

**7** Reescreva o título "De onde vêm os bebês?" colocando "bebês" no singular e fazendo as adaptações necessárias.

_____

❖ **Vem** e **vêm** são formas do verbo:

☐ vir. ☐ ver.

**8** Complete as frases com **vê**, **veem**, **vem** ou **vêm**.

a) Minha amiga _____ para a escola de ônibus.

b) Minhas amigas _____ para a escola de ônibus.

c) De longe ela _____ que o ônibus está chegando.

d) De longe elas _____ que o ônibus está chegando.

Leia outro trecho do texto "Frio como barro" para fazer as atividades de 9 a 11.

– Seu pai mandou que eu viesse buscá-la – disse ele. – Eu vim montado no melhor cavalo da fazenda.

– Aconteceu alguma coisa? – perguntou ela.

– Eu não sei – respondeu Jim.

A moça arrumou alguns de seus pertences e os dois partiram. Ela foi montada atrás dele, agarrando-se em sua cintura. Jim comentou que estava sentido dor de cabeça.

– É uma dor horrível – disse ele.

A moça pousou a mão sobre sua testa.

Evandro Marenda

— Por que você está tão frio como o barro? – perguntou ela. – Espero que não esteja ficando doente. – E envolveu a cabeça dele com um lenço.

Eles cavalgaram tão velozmente que chegaram à fazenda em poucas horas. A moça desceu depressa do cavalo e bateu na porta. Seu pai assustou-se ao vê-la ali.

— Você não mandou que fossem me buscar? – perguntou ela.

— Não, não mandei ninguém ir buscá-la – respondeu ele.

Ela então virou-se para Jim, mas ele havia sumido, assim como o cavalo. Ela e o pai foram procurá-lo no estábulo. O cavalo estava lá, todo suado e tremendo de medo. Mas não havia nenhum sinal de Jim.

Aterrorizado, o pai contou a ela toda a verdade sobre a morte de Jim. E logo depois foi conversar com os pais do rapaz. Eles decidiram abrir a sepultura do filho.

Viram que o cadáver estava lá dentro do caixão, mas em volta da cabeça eles encontraram o lenço da filha do fazendeiro.

Alvin Schwartz. *Histórias assustadoras para contar no escuro*. Rio de Janeiro: José Olympio, 2016. p. 35-36.

Evandro Marenda

### Glossário

**Estábulo:** área coberta onde se abriga o gado.

**9** Esse segundo trecho inicia com um diálogo entre Jim e a filha do fazendeiro.

**a)** O que havia acontecido com ele no primeiro trecho?

_____

_____

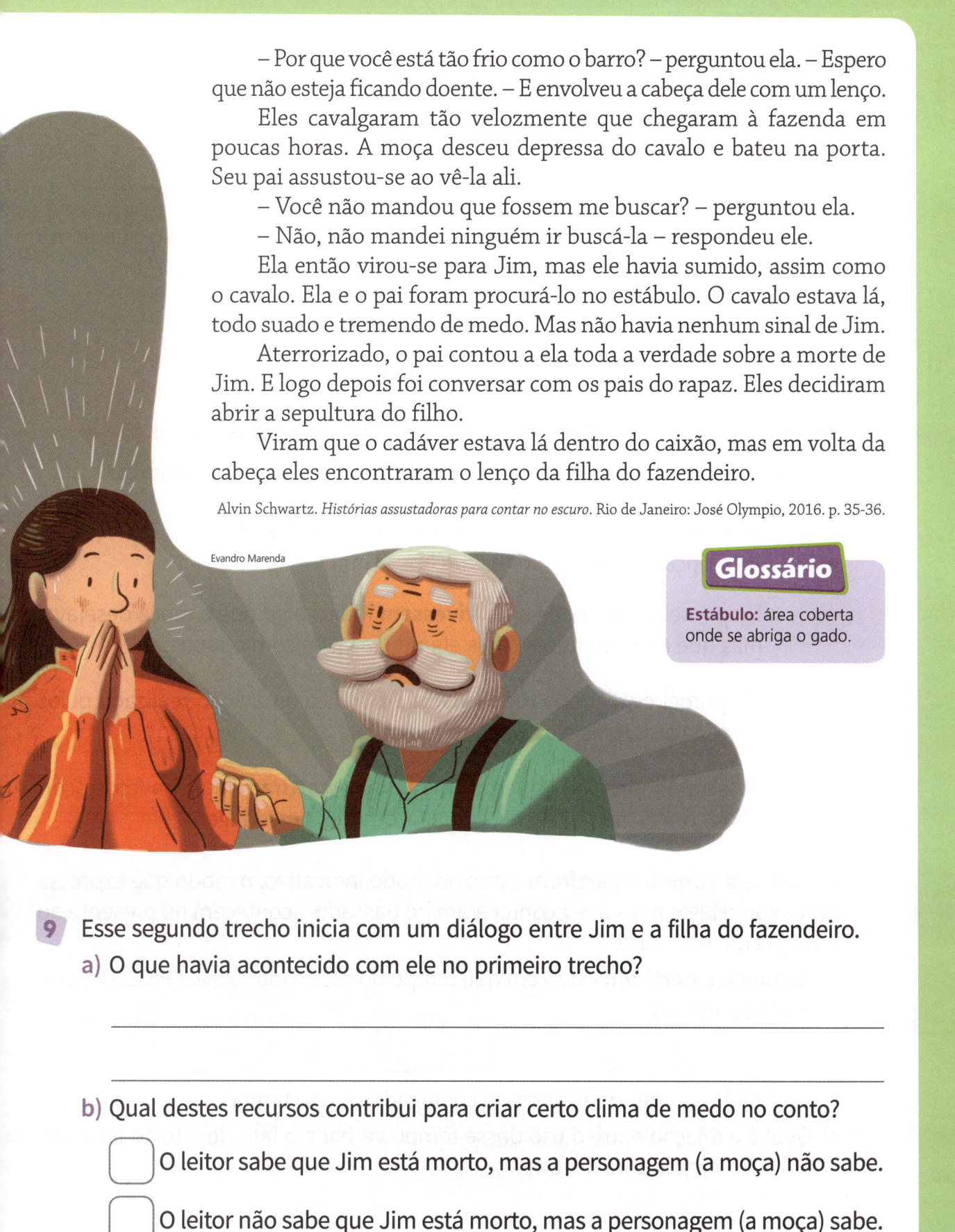

**b)** Qual destes recursos contribui para criar certo clima de medo no conto?

☐ O leitor sabe que Jim está morto, mas a personagem (a moça) não sabe.

☐ O leitor não sabe que Jim está morto, mas a personagem (a moça) sabe.

☐ Nem o leitor nem a personagem sabem que Jim está morto.

**10** Justifique, com base no texto, o título da história.

_____

_____

**11** Para que uma história seja considerada de assombração, é preciso que tenha algum elemento sobrenatural. No conto lido, qual é esse elemento?

_____

_____

**12** Releia os trechos a seguir prestando atenção nos verbos destacados.

Ela continuou pensando no rapaz e em como seria se os dois **vivessem** juntos.

A moça **arrumou** alguns de seus pertences e os dois **partiram**.

a) Escolha a opção **errada** sobre os trechos acima.

☐ No primeiro trecho, o verbo **vivessem** indica algo que a moça desejava, mas que não aconteceu, pois ela nunca viveu com o rapaz.

☐ No primeiro trecho, o verbo **vivessem** indica uma ação realizada pelos personagens, pois eles viveram juntos.

☐ No segundo trecho, os verbos **arrumou** e **partiram** indicam fatos ocorridos com os personagens, isto é, ações dos personagens.

**13** Os verbos **arrumou** e **partiram** estão no modo indicativo, o modo que expressa ações como fatos reais que aconteceram no passado, acontecem no presente ou acontecerão no futuro.

a) **Arrumou** e **partiram** estão em que tempo do modo indicativo? Passado, presente ou futuro?

_____

b) Sublinhe no conto outros verbos conjugados nesse tempo.

c) Qual é a relação entre o uso desse tempo verbal e o fato de o texto ter o objetivo de contar uma história?

_____

_____

## Unidade 7

O texto a seguir foi tirado de um conto do livro de ficção científica *Eu, robô*, de Isaac Asimov, escrito em 1950. Nesse conto, que se passa em uma estação espacial, os humanos Donovan e Powell devem realizar testes e verificar o funcionamento de um novo robô, chamado Cutie. Leia-o para fazer as atividades de 1 a 6.

**Razão**

[...] Gregory Powell falou pausadamente, dando ênfase a cada sílaba:
– Donovan e eu montamos você há uma semana.
Tinha a testa franzida e puxava a ponta do bigode com ar de dúvida.
[...]
O Robô QT-1 permanecia imóvel, sentado. As placas polidas de seu corpo brilhavam [...] e o vermelho profundo e ardente de células fotoelétricas que lhe serviam de olhos estava fixado no homem sentado ao outro lado da mesa.

Powell conseguiu reprimir um súbito ataque de nervos. Estes robôs possuíam cérebros peculiares. [...]

[...]

Afinal, o robô falou. Sua voz tinha o timbre frio, característico de um diafragma metálico.
– Está consciente da gravidade de tal declaração, Powell?
– Algo fez você, Cutie – argumentou Powell. – Você mesmo admite que sua memória parece ter surgido subitamente, já em completo estado de formação, há uma semana; antes disso, apenas um vácuo. Estou dando a explicação do fato. Donovan e eu montamos você, utilizando as peças que nos foram enviadas da Terra.

[...]

– Creio que deve haver explicação mais satisfatória do que essa. Parece-me improvável que vocês tenham feito a mim!

O homem riu repentinamente.
– Bolas! Por que motivo?

Evandro Marenda

### Glossário

**Diafragma:** músculo relacionado à respiração.
**Fotoelétrico:** relativo a certo fenômeno físico.
**Peculiar:** original; sem semelhança com outro.

283

– Pode chamar de intuição. É tudo, pelo menos até o momento. Todavia, pretendo raciocinar e resolver o problema. Uma cadeia de raciocínio válido só pode levar ao estabelecimento da verdade e insistirei até chegar a ela.

[...]

Powell ergueu-se da cadeira e sentou-se na beira da mesa, perto do robô. Subitamente, sentia simpatia por aquela estranha máquina. Não era absolutamente igual a um robô comum, que se entregasse à sua tarefa especializada na Estação Solar com a intensidade provocada por um circuito positrônico profundamente imbuído.

Pousou a mão no ombro de Cutie, sentindo o metal duro e frio de encontro à mesma.

– Cutie – disse ele. – Vou tentar explicar-lhe algo. Você é o primeiro robô que jamais mostrou qualquer curiosidade a respeito de sua própria existência e creio que é o primeiro robô que realmente possui inteligência bastante para compreender o mundo exterior. Venha comigo.

[...]

> **Glossário**
>
> **Positrônico:** conceito científico inventado por Isaac Asimov; seria o nome de cérebros de robôs com inteligência artificial.

Isaac Asimov. *Eu, robô*. Disponível em: <http://bibliotecadigital.puc-campinas.edu.br/services/e-books/Isaac%20Asimov-2.pdf>. Acesso em: 30 abr. 2019. p. 59-60.

**1** Marque as afirmações corretas. Os contos de ficção científica baseiam-se:

☐ na fantasia e na liberdade criativa do autor, o que dá ao leitor a impressão de que os fatos narrados são impossíveis de acontecer.

☐ em geral, em elementos da ciência real, criando um efeito de semelhança dos fatos narrados com a verdade.

☐ em geral, em elementos da ciência real, mas que são transformados pela imaginação do autor.

**2** Que personagens aparecem no trecho lido?

_____
_____

**3** Gregory Powell tenta convencer o robô Cutie de algo.

a) Que fato ele espera que Cutie aceite?

_____
_____

b) Powell consegue convencer o robô? Justifique com trechos do texto.

___

**4** Qual parece ser o sentimento de Powell em relação ao robô? Explique.

___

**5** Releia o quarto parágrafo prestando atenção nas palavras destacadas.

   O Robô QT-1 permanecia imóvel, sentado. As placas polidas de **seu** corpo brilhavam [...] e o vermelho profundo e ardente de células fotoelétricas que **lhe** serviam de olhos estava fixado no **homem** sentado ao outro lado da mesa.

a) A quem se refere a palavra **seu**?

___

b) E a palavra **lhe**, a quem se refere? Isto é, as células fotoelétricas serviam de olhos para quem?

___

c) Quem era o homem sentado do outro lado da mesa?

___

**6** Releia esta frase.

Tinha a testa franzida e puxava a ponta do bigode com ar de dúvida.

a) Circule os verbos que aparecem nessa frase.
b) Separe a frase em duas partes com um traço, cada parte com um verbo.
c) Que palavra liga as duas partes da frase?
d) A palavra que você indicou no item **c** é uma **conjunção**. Que relação ela estabelece entre a primeira e a segunda partes da frase?

☐ Oposição.  ☐ Causa.  ☐ Adição.  ☐ Condição.

**7** Leia esta resenha.

https://estacaonerd.com/resenha-historias-de-robos-de-isaac-asimov

O nome em destaque nesse livrinho é o de Isaac Asimov, pelo seu histórico e maestria nas histórias futuristas envolvendo autômatos. Mas, justiça seja feita, o livro de contos teve a edição também de Patrícia S. Warrick e Martin H. Greenberg.

[...]

Nem todos os contos são de Asimov, apenas dois, na verdade. Os demais são de outros autores contemporâneos ou mais antigos, que escreveram histórias notáveis a ponto de serem dignos de fazer parte dessa coletânea.

Só para vocês terem uma ideia, terminei a leitura e fiquei com vontade de ler tudo de novo. Quem já passou por essa situação?

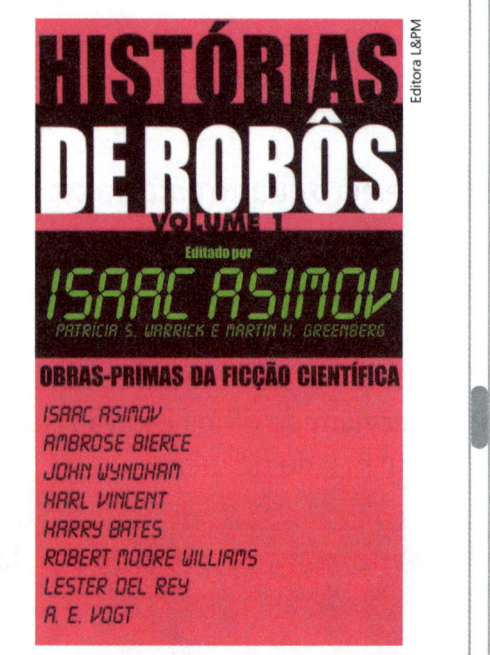

Acontece que esse livro de contos é fantástico. Em cada uma das histórias, os autores problematizam uma situação que os robôs e a humanidade poderiam enfrentar. Além disso, nota-se em cada história a semelhança com algum *game*, filme ou série atual. Certamente esses autores escreveram a história da ficção científica, delimitando algumas situações que seguem sendo reproduzidas até os dias de hoje.

[...]

Daniela Mattos. Resenha – *Histórias de robôs*, de Isaac Asimov. *Estação Nerd*, 17 jun. 2018.
Disponível em: <https://estacaonerd.com/resenha-historias-de-robos-de-isaac-asimov>. Acesso em: 9 abr. 2019.

a) Qual é o assunto dessa resenha?

___

b) Todos as histórias do livro são de Isaac Asimov? Justifique com uma passagem do texto.

___

___

c) A autora da resenha gostou do livro e recomenda a leitura dele? Apresente um dos argumentos usados por ela.

___

___

___

**8** Leia a tirinha a seguir.

Custódio.

a) Sobre o que os personagens estão conversando?

___

b) Circule na tirinha todas as ocorrências das palavras **porque**, **porquê**, **por que** e **por quê**.

c) Explique com suas palavras o motivo dessa diferença na grafia.

___

___

___

___

# Unidade 8

Leia a seguir um trecho do livro *Nas ruas do Brás*, um relato de memórias, depois faça as atividades de 1 a 7.

    O pai do meu pai era pastor de ovelhas numa aldeia bem pequena, nas montanhas da Galícia, ao norte da Espanha. Antes de o dia clarear, ele abria o estábulo e saía com as ovelhas para o campo. Junto, seu amigo inseparável: um cachorrinho ensinado.

    Numa noite de neve na aldeia, depois que os irmãos menores dormiram, meu avô sentou ao lado da mãe na luz quente do fogão a lenha:

— Mãe, eu quero ir para o Brasil, quero ser um homem de respeito, trabalhar e mandar dinheiro para a senhora criar os irmãos.

    Ela fez o que pôde para convencê-lo a ficar. Pediu que esperasse um pouco mais, era ainda um menino, mas ele estava determinado:

— Não vou pastorear ovelhas até morrer, como fez o pai.

    Mais tarde, como em outras noites de frio, a mãe foi pôr uma garrafa de água quente entre as cobertas para esquentar a cama dele:

— Doze anos, meu filho, quase um homem. Você tem razão, a Espanha pouco pode nos dar. Vá para o Brasil, terra nova, cheia de oportunidades. E trabalhe duro, siga o exemplo do seu pai.

    Meu avô viu os olhos de sua mãe brilharem como líquido. Desde a morte do marido, era a primeira vez que chorava diante de um filho.

[...]

Drauzio Varella. *Nas ruas do Brás*. São Paulo: Companhia das Letrinhas, 2000. p. 5.

**1** Releia o começo do texto.

    O pai do meu pai era pastor de ovelhas numa aldeia bem pequena, nas montanhas da Galícia, ao norte da Espanha.

**a)** A quem se refere a palavra **meu**?

_____

**b)** Complete: O pai do pai de uma pessoa é o _____ dela.

**2** O texto lido é um trecho de um relato de memórias. Qual é o assunto desses parágrafos?

_____

_____

_____

**3** É possível afirmar que o autor relata os acontecimentos exatamente como ocorreram? Explique sua resposta.

_____

_____

_____

**4** Releia o último parágrafo.

   Meu avô viu os olhos de sua mãe brilharem como líquido. Desde a morte do marido, era a primeira vez que chorava diante de um filho.

a) O que o autor quer dizer quando conta que os olhos da mãe de seu avô brilharam como líquido?

_____

_____

b) Que efeito de sentido essa maneira de usar a linguagem cria nesse trecho?

_____

_____

_____

**5** Que costumes antigos, do tempo em que o avô do autor era adolescente na Espanha, o leitor fica conhecendo nesse trecho?

_____

_____

**6** Indique em cada quadrinho se o trecho contém discurso direto (DD) ou indireto (DI).

☐ "– Mãe, eu quero ir para o Brasil, quero ser um homem de respeito, trabalhar e mandar dinheiro para a senhora criar os irmãos."

☐ "Ela fez o que pôde para convencê-lo a ficar. Pediu que esperasse um pouco mais, era ainda um menino, mas ele estava determinado:"

☐ "– Doze anos, meu filho, quase um homem. Você tem razão, a Espanha pouco pode nos dar. Vá para o Brasil, terra nova, cheia de oportunidades."

**7** Releia o trecho a seguir.

– Doze anos, meu filho, quase um homem. Você tem razão, a Espanha pouco pode nos dar.

a) Separe uma frase da outra com um traço. Depois circule o(s) verbo(s) em cada frase, se houver.

b) Agora responda: Qual das frases é verbal e qual é nominal?
_____

**8** Leia este trecho de uma reportagem escrita por um menino de 8 anos.

> https://m.folha.uol.com.br/colunas/ideias/2015/09/1678065-vamos-simplificar-a-ortografia.shtml?mobile
>
> Um dia eu estava na escola fazendo meu dever e achei que estava meio difícil, então comecei a pensar em algumas regras para simplificar a ortografia da língua portuguesa.

Gabriel Amaral Carneiro. Vamos simplificar a ortografia. *Folha de S.Paulo*, 5 set. 2015. Disponível em: <https://m.folha.uol.com.br/colunas/ideias/2015/09/1678065-vamos-simplificar-a-ortografia.shtml?mobile>. Acesso em: 25 abr. 2019.

a) Reescreva a frase trocando "meu dever" por "a lição".
_____
_____
_____

b) A palavra **meio** sofreu alguma mudança na sua reescrita? Por quê?
_____
_____

Leia a seguir um trecho do diário escrito por Julieta, personagem de Ziraldo. Depois faça as atividades de 9 a 13.

> 10 de outubro
>
> Companheiríssimo Diário,
>
> Hoje foi aniversário do meu querido Romeu. Ele fez 3 anos. Fiquei lembrando tanta coisa... Quando o Romeu chegou em casa, era deste tamanhinho. Ele dormia na minha cama, enroladinho nos meus cabelos, para ficar quentinho. Quem escolheu o nome foi o papai. Ele disse que eu gostava tanto do gatinho que ele só podia ter esse nome. Depois fui descobrir que Romeu e Julieta são personagens da maior história de amor já escrita, uma peça de teatro do Shakespeare (Ih! Será que é assim que se escreve?). Eu sei que ele não é um gato de raça, mas aquela manchinha no olho é um charme!

Ilustrações: Evandro Marenda

Ziraldo. *Diário da Julieta*: as histórias mais secretas da Menina Maluquinha. São Paulo: Globo, 2011. p. 90.

**9** Observe as palavras destacadas.

Hoje foi aniversário do **meu** querido Romeu. [...] **Fiquei** lembrando tanta coisa...

a) Essas palavras indicam que o texto foi escrito na:

☐ 1ª pessoa. ☐ 2ª pessoa. ☐ 3ª pessoa.

b) Circule no texto outras palavras que confirmem sua resposta.

**10** Quem é o interlocutor desse texto, ou seja, a quem Julieta se dirige?

_____

**11** O que a marcação "10 de outubro", no alto da página do diário, indica?

_____

**12** Quem é Romeu?

_____

**13** Qual é a relação entre o nome do gato de Julieta e a peça de Shakespeare?

_____

_____

Leia a tirinha e faça as atividades de 14 e 15.

**Quadrinho 1:** POR QUE O SER HUMANO JOGOU VOCÊ FORA?

**Quadrinho 2:** PORQUE ELE ACHAVA QUE EU NÃO TINHA MAIS NENHUMA UTILIDADE LÁ EM CIMA!

**Quadrinho 3:** MAS VOCÊ NÃO TEM NENHUMA UTILIDADE AQUI EMBAIXO! / EI, EU SOU SÓ UM OBJETO, MAS TENHO SENTIMENTOS!

Jean Pico.

**14** Quem são os personagens da tira e onde se passa a história?

_____

_____

**15** Releia o último quadrinho.

a) Por que a lata está irritada?

_____

_____

b) Comente a fala do peixe: uma lata vazia tem ou não utilidade no fundo do rio ou do mar? Que destino se deve dar a uma lata vazia?

_____

_____

**16** Complete as frases adequadamente com **em cima** ou **embaixo**.

a) Não alcancei o pote de biscoito: ele está _____ da geladeira.

b) Meu gatinho gosta de se esconder _____ da cama.

# Unidade 9

Leia o texto a seguir para fazer as atividades de 1 a 7.

**Chapeuzinho Vermelho de Raiva**

— Senta aqui mais perto, Chapeuzinho. Fica aqui mais pertinho da vovó, fica.

— Mas vovó, que olho vermelho... E grandão... Que que houve?

— Ah, minha netinha, estes olhos estão assim de tanto olhar para você. Aliás, está queimada, heim?

— Guarujá, vovó. Passei o fim de semana lá. A senhora não me leva a mal, não, mas a senhora está com um nariz tão grande, mas tão grande! Tá tão esquisito, vovó.

— Ora, Chapéu, é a poluição. Desde que começou a industrialização do bosque que é um Deus nos acuda. Fico o dia todo respirando este ar horrível. Chegue mais perto, minha netinha, chegue.

— Mas em compensação, antes eu levava mais de duas horas para vir de casa até aqui e agora, com a estrada asfaltada, em menos de quinze minutos chego aqui com a minha moto.

— Pois é, minha filha. E o que tem aí nesta cesta enorme?

— Puxa, já ia me esquecendo: a mamãe mandou umas coisas para a senhora. Olha aí: margarina, Helmmans, Danone de frutas e até uns pacotinhos de Knorr, mas é para a senhora comer um só por dia, viu? Lembra da indigestão do carnaval?

— Se lembro, se lembro...

— Vovó, sem querer ser chata.

— Ora, diga.

— As orelhas. A orelha da senhora está tão grande. E ainda por cima, peluda. Credo, vovó!

– Ah, mas a culpada é você. São estes discos malucos que você me deu. Onde se viu fazer música deste tipo? Um horror! Você me desculpe porque foi você que me deu, mas essas guitarras, é guitarra que diz, não é? Pois é; estas guitarras são muito barulhentas. Não há ouvido que aguente, minha filha. Música é a do meu tempo. Aquilo sim, eu e seu finado avô, dançando valsas... Ah, esta juventude está perdida mesmo.
– Por falar em juventude o cabelo da senhora está um barato, hein? Todo desfiado, pra cima, encaracolado. Que qué isso?
– Também tenho que entrar na moda, não é, minha filha? Ou você queria que eu fosse domingo ao programa do Chacrinha de coque e com vestido preto com bolinhas brancas?
Chapeuzinho pula para trás:
– E esta boca imensa???!!!
A avó pula da cama e coloca as mãos na cintura, brava:
– Escuta aqui, queridinha: você veio aqui hoje para me criticar, é?!

Mario Prata. Chapeuzinho Vermelho de Raiva. *Mario Prata - Site oficial*. Disponível em: <https://marioprata.net/literatura-2/literatura-infantil/chapeuzinho-vermelho-de-raiva>. Acesso em: 9 abr. 2019.

**1** A história lida faz referência a um conhecido conto infantil. Qual?

**2** O que há em comum entre "Chapeuzinho Vermelho de Raiva" e a história na qual ela se baseia?

**3** O conto que deu origem ao texto "Chapeuzinho Vermelho de Raiva" é muito antigo e se passa na Europa.

a) E a versão de Mario Prata, em que época se passa e onde?

**b)** Que elementos da história mostram ao leitor quando e onde ela acontece?

_____

_____

_____

_____

**4** A história original de Chapeuzinho Vermelho tinha a intenção tanto de entreter as crianças quanto de ensiná-las alguns princípios morais. Sobre "Chapeuzinho Vermelho de Raiva", é correto afirmar que:

☐ trata-se de uma paródia, pois o texto foi modernizado, mas ele ainda tem a função de educar as crianças.

☐ trata-se de uma paródia que se passa no Brasil do século XXI e tem como objetivo principal criticar a industrialização.

☐ trata-se de uma paródia, pois tem elementos do conto original, mas sua intenção é produzir humor.

**5** Que personagens essenciais no conto original não aparecem na paródia lida?

_____

**6** Pela primeira frase do texto, a avó parece estar gostando da visita da neta? Ela continua se sentindo assim ao longo da conversa? Explique.

_____

_____

**7** Releia a frase a seguir.

    A senhora não me leva a mal, não, mas a senhora está com um nariz tão grande, mas tão grande! Tá tão esquisito, vovó.

**a)** O que quer dizer a expressão "não levar a mal"?

_____

**b)** A palavra que tem sentido oposto ao sentido de **mal** é:

☐ bom.  ☐ bem.

**8** Leia esta tirinha.

> DOCE, DOCE, EU QUERO UM DOCE!
> PIRULITO  BALA
> CHICLETE  CHOCOLATE

> DOOCEE!

> VOCÊ ESTÁ HÁ APENAS DUAS HORAS SEM COMER UM DOCE.
> AS DUAS HORAS MAIS LONGAS DA MINHA VIDA!

Rogério Brum.

a) O que a personagem está fazendo no primeiro quadrinho?

_____

_____

b) Como a personagem parece estar se sentindo no segundo quadrinho? O que você observou para dar essa resposta?

_____

_____

c) Pensando no estado em que se encontra a personagem, por que o último quadrinho quebra a expectativa do leitor?

_____

_____

_____

_____

**9** Releia.

Você está **há** apenas duas horas sem comer um doce.

Nessa frase, a palavra **há** poderia ser substituída por:

☐ a.  ☐ haver.  ☐ faz.

**10.** Leia o cartaz ao lado.

> QUEM JOGA LIXO NA RUA JOGA SUJO COM A CIDADE.
> FAÇA SUA PARTE, COLOQUE O LIXO NA HORA CERTA.
> LIMPEZA PÚBLICA É OBRIGAÇÃO DE TODOS.
> JOGUE LIMPO COM A CIDADE
> PREFEITURA DE CAMPO FORMOSO

Disponível em: <www.campoformosonoticias.com/v5/wp-content/uploads/2018/04/6d4f9be9bbf8e6f07458f60414b62a53_XL.jpg>. Acesso em: 30 abr. 2019.

a) Releia esta parte do anúncio.

> FAÇA SUA PARTE, COLOQUE O LIXO NA HORA CERTA.

Como você entende essa recomendação? A que lixo esse trecho se refere e qual é a hora certa para "colocar" o lixo?

_____
_____
_____

b) Quem é o responsável por esse anúncio?

_____

c) Qual é o *slogan* do anúncio?

_____

d) Você concorda que "limpeza pública é obrigação de todos"? Você faz sua parte para manter sua cidade limpa? Por quê?

_____
_____
_____

# Referências

ACORDO Ortográfico da Língua Portuguesa: atos internacionais e normas correlatas. 2. ed. Brasília: Senado Federal, Coordenação de Edições Técnicas, 2014. Disponível em: <www2.senado.leg.br/bdsf/bitstream/handle/id/508145/000997415.pdf?sequence=1>. Acesso em: 28 jul. 2017.

ANTUNES, Irandé. *Aula de Português*: encontro e interação. São Paulo: Parábola Editorial, 2003.

BAGNO, Marcos. *Nada na língua é por acaso*: por uma pedagogia da variação linguística. São Paulo: Parábola Editorial, 2007.

BAKHTIN, Mikhail. *Marxismo e filosofia da linguagem*. São Paulo: Hucitec, 2009.

_____. Os gêneros do discurso. In: _____. *Estética da criação verbal*. São Paulo: WMF Martins Fontes, 2010.

BAZERMAN, Charles; DIONISIO, Angela P.; HOFFNAGEL, Judith C. *Gêneros textuais, tipificação e interação*. São Paulo: Cortez, 2011.

BRASIL. Ministério da Educação. Secretaria de Educação Básica. *Base Nacional Comum Curricular*. Brasília, 2018.

_____. Ministério da Educação. Secretaria de Educação Básica. *Diretrizes Curriculares Nacionais para o Ensino Fundamental de 9 (nove) Anos*. Brasília, 2010.

_____. Ministério da Educação. Secretaria da Educação Fundamental. *Parâmetros Curriculares Nacionais*: 1ª a 4ª série. Brasília, 1997.

CAGLIARI, Luiz Carlos. *Alfabetização e linguística*. São Paulo: Scipione, 2010.

COELHO, Nelly N. *Literatura infantil*: teoria, análise, didática. São Paulo: Moderna, 2002.

COLL, César et al. *O construtivismo na sala de aula*. São Paulo: Ática, 2006.

_____; TEBEROSKY, Ana. *Aprendendo português*: conteúdos essenciais para o Ensino Fundamental de 1ª a 4ª série. São Paulo: Ática, 2000.

COLOMER, Teresa; CAMPS, Anna. *Ensinar a ler, ensinar a compreender*. Porto Alegre: Artmed, 2002.

COSTA, Sérgio Roberto. *Dicionário de gêneros textuais*. 3. ed. Belo Horizonte: Autêntica, 2014.

DIONISIO, Angela P.; MACHADO, Anna R.; BEZERRA, M. Auxiliadora (Org.). *Gêneros textuais e ensino*. São Paulo: Parábola Editorial, 2010.

FARACO, Carlos A. *Linguagem escrita e alfabetização*. São Paulo: Contexto, 2012.

FÁVERO, Leonor L.; ANDRADE, M. Lúcia C. V. O.; AQUINO, Zilda G. *Oralidade e escrita*: perspectiva para o ensino de língua materna. São Paulo: Cortez, 2012.

FERREIRO, Emilia. *Com todas as letras*. São Paulo: Cortez, 2010.

_____. *Cultura escrita e educação*. Porto Alegre: Artmed, 2001.

_____; TEBEROSKY, Ana. *Psicogênese da língua escrita*. Porto Alegre: Artmed, 1999.

JOLIBERT, Josette (Coord.). *Formando crianças leitoras*. Porto Alegre: Artmed, 1994.

KATO, Mary A. (Org.). *A concepção da escrita pela criança*. Campinas: Pontes Editores, 2010.

KOCH, Ingedore V.; TRAVAGLIA, Luiz C. *A coerência textual*. São Paulo: Contexto, 2004.

_____. *A coesão textual*. São Paulo: Contexto, 2002.

_____; ELIAS, Vanda M. *Ler e compreender os sentidos do texto*. São Paulo: Contexto, 2006.

LEMLE, Miriam. *Guia teórico do alfabetizador*. São Paulo: Ática, 2007.

LERNER, Delia. *Ler e escrever na escola*: o real, o possível e o necessário. Porto Alegre: Artmed, 2002.

MARCUSCHI, Luiz A. *Da fala para a escrita*: atividades de retextualização. São Paulo: Cortez, 2010.

_____. *Produção textual, análise de gêneros e compreensão*. São Paulo: Parábola Editorial, 2008.

PRETI, Dino. *Sociolinguística*: os níveis de fala. São Paulo: Edusp, 2003.

ROJO, Roxane (Org.). *Alfabetização e letramento*: perspectivas linguísticas. Campinas: Mercado de Letras, 1998.

SCHNEUWLY, Bernard; DOLZ, Joaquim et al. *Gêneros orais e escritos na escola*. Campinas: Mercado de Letras, 2004.

SILVA, Alexsandro da (Org.). *Ortografia na sala de aula*. Belo Horizonte: Autêntica, 2017. Disponível em: <www.serdigital.com.br/gerenciador/clientes/ceel/arquivos/25.pdf>. Acesso em: 26 set. 2017.

SOARES, Magda. *Alfabetização e letramento*. São Paulo: Contexto, 2003.

SOLÉ, Isabel. *Estratégias de leitura*. Porto Alegre: Artmed, 1998.

TEBEROSKY, Ana. *Aprendendo a escrever*. São Paulo: Ática, 1995.

VIGOTSKI, Lev S. *A formação social da mente*. São Paulo: Martins Fontes, 2007.

_____. *Pensamento e linguagem*. São Paulo: Martins Fontes, 2008.

ZILBERMAN, Regina. *Como e por que ler a literatura infantil brasileira*. Rio de Janeiro: Objetiva, 2005.

# Encartes

## Unidade 4

◆ Figuras para a atividade 1 da página 80.

**Recortar**

Ilustrações: Revista Ciência Hoje das Crianças

◆ Figuras para a atividade da página 93.

Ilustrações: Alex Argozino

299

# Unidade 7

◆ Peças para a atividade da página 158.

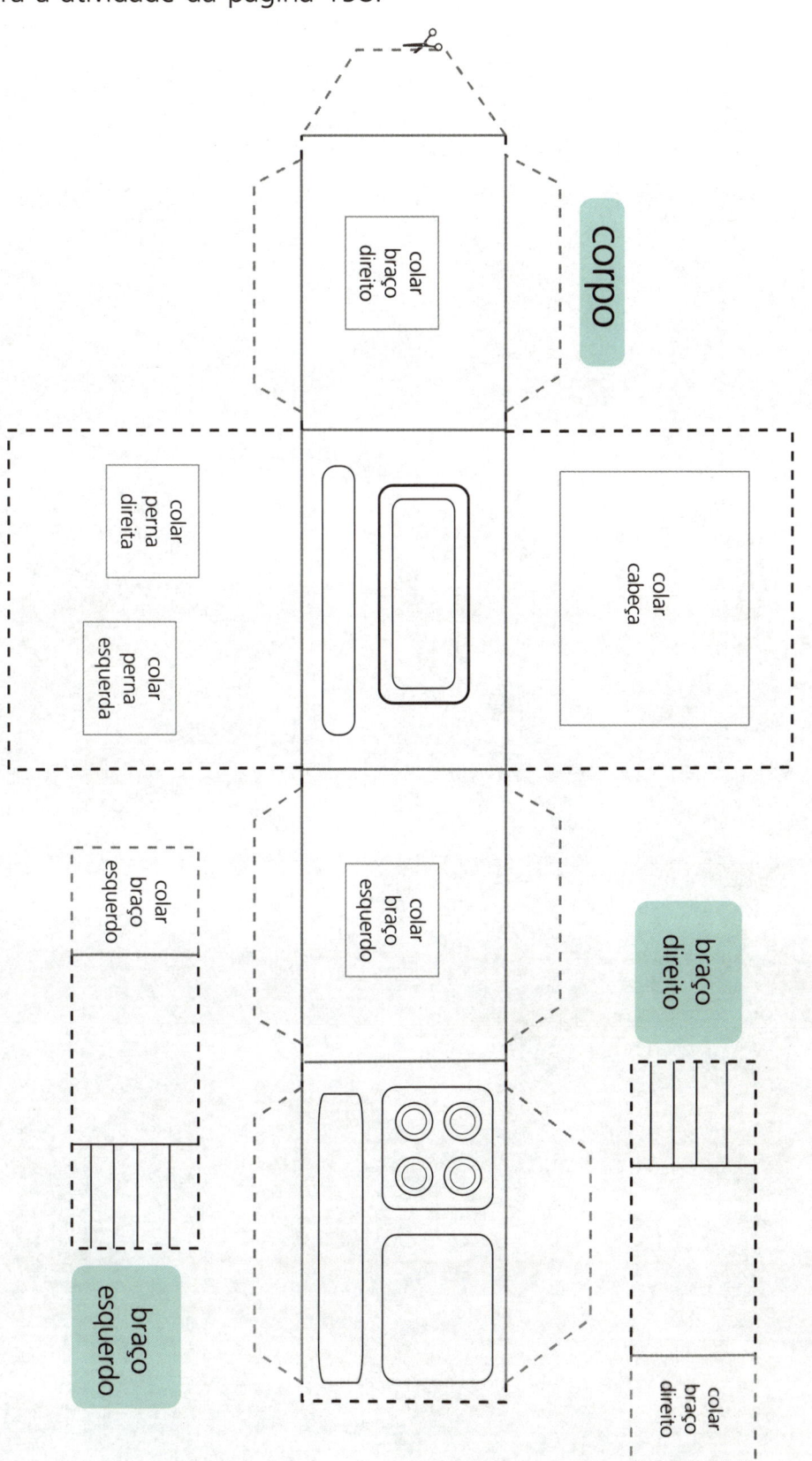

**Recortar · Dobrar**

corpo

colar braço direito

colar perna direita

colar perna esquerda

colar cabeça

colar braço esquerdo

colar braço esquerdo

braço direito

colar braço direito

braço esquerdo

Camila Hortencio

**Unidade 7**

◆ Peças para a atividade da página 158.

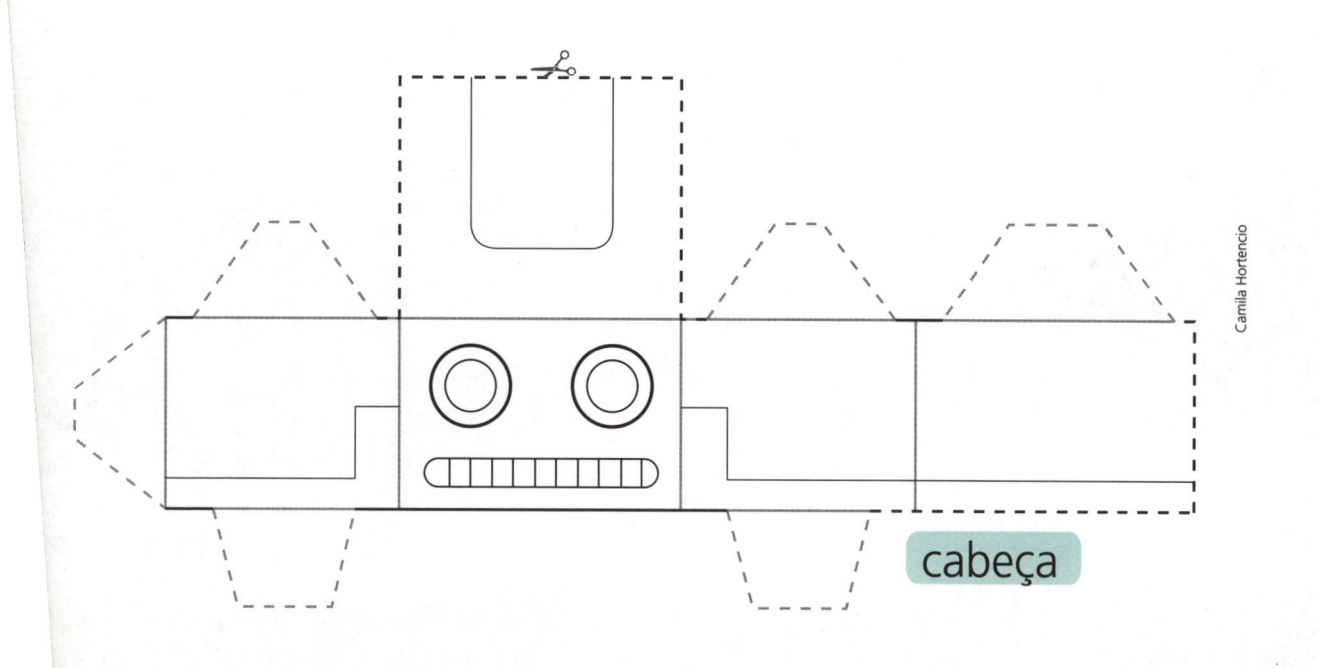

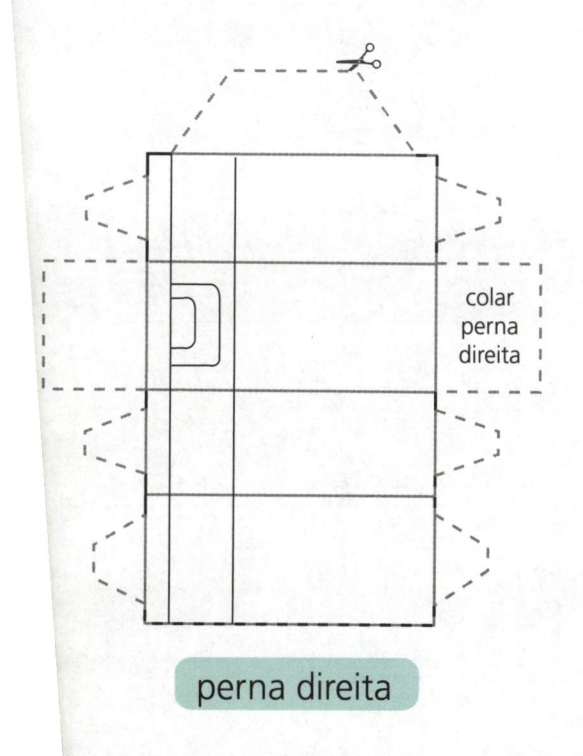

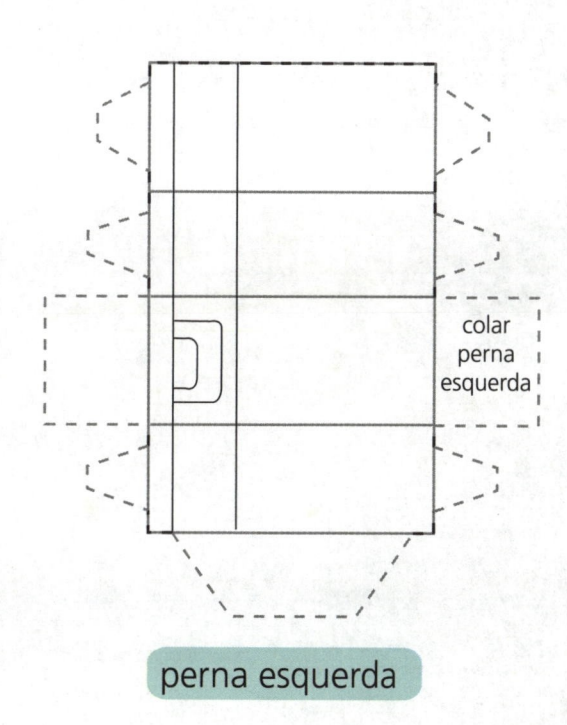

Recortar  Dobrar

cabeça

perna direita

colar perna direita

perna esquerda

colar perna esquerda

Camila Hortencio

303